LANGAGE ET CULTURE DES MEDIAS

Pierre Babin

Langage et culture des medias

Editions Universitaires

ISBN : 2-7113-0474-4
Dêpôt légal : septembre 1991

Au lecteur

> Qu'est-ce qu'un esprit cultivé ? C'est celui qui a traversé un grand nombre d'apprentissages de la réflexion et qui peut regarder d'un grand nombre de points de vue. La culture est proportionnelle à la quantité des catégories dont dispose une intelligence.
>
> H.F.Amiel, *Journal intime*, 14 août 1877.

Quelques informations et remarques s'imposent pour situer ce livre.

Une approche positive

Il est de bon ton de critiquer les médias, d'en dénoncer les abus et la perversité. Ce livre cherche au contraire à en dégager l'aspect positif. Il est inspiré par un groupe qui, depuis vingt ans, forme des responsables internationaux au langage des médias. Il est impossible de former sérieusement aux médias si l'on n'est pas passionné par son métier. Impossible aussi d'apprendre l'audiovisuel à des étrangers si l'on ne croit pas à la valeur possible des médias pour le développement humain et l'enrichissement des cultures.

Angle de vue : le langage

La majorité des ouvrages aborde les médias sous l'angle économique, politique ou sociologique. D'un point de vue plus pratique, nombre de magazines s'étalent dans les kiosques pour traiter de l'aspect technique ou marketing. Sans parler, bien sûr, des magazines de programmes radio-télévision. Incontestablement, ces études, ouvrages ou journaux sont utiles : ils éclairent d'une lumière particulière un aspect de l'univers complexe des médias. Quiconque s'intéresse à l'audiovisuel devra, au moins une fois, se promener dans la vaste forêt de telles publications. Il saisira *de visu* que l'audiovisuel c'est inextricablement une affaire de techniques et d'idées, de programmes et d'argent, de commerce et de politique.

Le présent ouvrage tente d'aborder un aspect moins connu et moins exposé au public : les médias, *comment ça parle ?* Il se voudrait une synthèse

— non sur les œuvres médiatiques — mais sur les procédés et les modes de langage. Une telle étude nous semble capitale. Non seulement pour former des réalisateurs, mais pour libérer les auditeurs et les initier à prendre la parole. Ne faudrait-il pas en finir avec cette coupure : d'un côté, le pouvoir des médias, de l'autre, les consommateurs muets ? Le scandale des disparités entre le Nord et le Sud : c'est chez nous dans la presse. *Langage et Culture des médias* est né de quelque espoir idéal : qu'un jour, on apprenne dans toutes les écoles, non seulement le langage de Gutenberg mais aussi celui des médias. Cet ouvrage se situe quelque part entre une grammaire des médias et un essai sur la culture.

L'à-priori électronique

Médias ou audiovisuel ? De quels médias s'agit-il quand on parle de nouveau langage ? On trouvera ici *une thèse du médium électronique*. Médias, audiovisuel : selon les contextes, ces termes revêtent des sens différents. Notre étude du langage s'est inspirée essentiellement du modèle télévision, radio et cinéma. Secondairement, du journalisme écrit quoique, à bien des égards, particulièrement dans les magazines, la mécanique du langage soit la même.

Pourquoi cette place dominante accordée à la télévision, à la radio et au cinéma ? C'est qu'ici — plus encore que dans le journalisme — le médium électronique est tout puissant. C'est lui qui nécessite et détermine un nouveau langage. Telle est donc la thèse sous-jacente à ce livre. Un nouveau langage est en train de naître dont les formes, la logique interne, les clés de réussite sont commandées par une secrète alliance entre l'électronique et l'esprit humain. Il est certes ridicule de dire que l'électronique crée un nouveau langage. Il ne s'agit pas de l'électronique seule mais de cette longue et souterraine composition entre l'esprit humain et ce médium englobant, envahissant jour et nuit toute la terre, qu'est l'électronique.

La technologie électronique s'impose partout, changeant non seulement la communication humaine mais aussi l'anti-communication qu'est la guerre. Un langage s'élabore qui mine les frontières. Dès lors, irrésistiblement, c'est la culture toute entière qui est agitée. Détruite ou enrichie ? A voir, mais la culture est certainement modifiée. Il ne suffit pas de dire qu'en France, il y a 30 millions de téléviseurs. On doit dire : en France, il y a quarante millions de personnes modifiées dans leurs relations élargies aux dimensions du monde, se déplaçant partout à la vitesse du zapping, surmodulées affectivement, plus ou moins réfractaires à l'abstraction et à la logique rationnelle. C'est en effet que le médium électronique n'est pas une simple brouette qu'on utiliserait à heure fixe. Il est un agitateur permanent, une greffe sur le corps, l'air du temps. Le terme *médium* doit être pris au sens fondamental de *milieu de vie*, ce qui inclut le support, l'outil, mais aussi toutes les infrastructures nécessaires au fonctionnement de l'outil.

Électronique

nouveau médium ——► nouveau langage ——► nouvelle culture

A partir de la thèse bien connue de McLuhan, deux points sont mis en exergue :

— comment les caractéristiques du langage audiovisuel sont principalement déterminées par les vertus propres à l'électronique.
— comment la culture *médiatique*, tout en étant à l'opposé de la culture littéraire, peut lui être complémentaire et favoriser le développement humain.

Naturellement, tout au long de ce livre, le terme de culture sera pris — non dans un sens littéraire — mais dans un sens anthropologique : l'ensemble des moyens mis en œuvre par les groupes humains pour résoudre les problèmes de sens et d'existence.

Une recherche

Si la thèse est juste, ce livre soulève une grande question. Le médium a envahi toute la planète : allons-nous vers un langage et une culture universels ? Comment se comportent les cultures locales à l'égard de cet envahissement ? Vont-elles survivre ?

Sans prétendre résoudre une telle question, elle a du moins été posée à des experts de dix pays du monde (Afrique, Amérique Nord et Sud, Asie, Europe). Ces experts ont reçu à l'avance les divers chapitres du présent livre et ont été invités à fournir leurs commentaires du point de vue de leur propre culture [1]. Un premier symposium a permis de confronter les réactions. Il est apparu clairement que l'étude proposée ici reflète la mentalité occidentale et décrit les modèles qui ont envahi le monde entier à partir d'Hollywood. On a parfois contesté l'approche trop cartésienne et unilatérale, optimiste, voire naïve de ce livre. Cependant, au-delà des questions et critiques, un certain accord global s'est manifesté sur la thèse centrale et les caractéristiques majeures du langage médiatique. Bien plus, Africains, Asiatiques, Latino-Américains se sont sentis très à l'aise dans les catégories d'émotion, d'imagination, de « ground », de jeu, d'histoire et de mixage. Et si cette culture qui naît des médias était plus proche de leurs traditions que des nôtres ? Et si ce qu'on appelle oralité était l'audiovisuel avant l'électronique ?

---

1. Cette recherche a été commencée dans le cadre du CNRS (Centre National de la Recherche Scientifique — Laboratoire IRPEACS, 69130 Ecully). Elle s'est poursuivie avec un groupe international sous le nom de *Projet LAC (Langage Audiovisuel et Culture)*. Henk Hoekstra, expert en communication (Amsterdam), a suivi attentivement les recherches et la rédaction de ce livre.

De la compréhension intime qu'ont les étrangers de certains mécanismes du langage audiovisuel, j'ai beaucoup appris et ce livre en est enrichi. En outre, dans l'écriture finale, j'ai tenu compte des nombreuses remarques qui m'ont été faites.

I

Sentir est premier

L'émotion est la porte d'entrée pour pénétrer dans le monde de l'audiovisuel. Qu'on regarde la TV ou qu'on crée une affiche publicitaire, on doit d'abord se laisser prendre, *vibrer à*. Qu'il y a loin de cette affirmation aux lois qui présidaient à l'école de mon enfance !

> Les créatifs doivent raisonner avec leur feeling beaucoup plus qu'avec leur intelligence... Une création doit utiliser des ressorts émotionnels, soit l'humour, soit la dramatisation, soit la tendresse.» D'après Michel Orlandini, directeur de création dans une agence de publicité, «il est primordial d'emmagasiner l'émotion quotidienne et de la restituer, intacte, au moment voulu. Savoir faire passer des vibrations, savoir regarder, ou plutôt observer, c'est un métier, une religion même [1].

Aux étudiants qui ne comprennent rien aux peintures de Picasso, je dis : regardez intensément le tableau, clignez des yeux pour augmenter en vous l'effet des masses et des lignes directrices, reproduisez mentalement dans votre corps la désintégration des visages (dans *Guernica*, par exemple) ; puis, dans un deuxième temps, prenez conscience de l'effet produit sur vous, nommez cet effet : c'est dans l'effet produit que vous comprendrez ce tableau. Il en va de même pour la musique : ne cherchez pas le titre, ressentez l'effet. Par la suite, informez-vous du titre, étudiez l'histoire, analysez systématiquement. Mais, que ces démarches restent postérieures et secondaires ! Ressentir est la porte. Ressentir est le filtre de toute intelligence des messages audiovisuels. Ressentir donne l'étincelle de la création.

Sentir pour créer

Ayant à réaliser une production à partir d'un hôpital d'enfants à Manille, j'arrive tôt le matin pour visiter l'établissement avec un médecin.

Chaleur torride. Odeur nauséabonde. Misère des lieux. Au début, je sens, je vois, j'enregistre. Mais, du dehors. Puis, très vite, la réalité s'empare de moi. Bien sûr je continue à sentir l'odeur extérieure mais, moi-même, je me sens mal, je me sens indiscret, je me sens bouleversé. Ma respiration se mêle à cette femme qui halète en appuyant sur son ventre. Le calme de l'infirmière me réconforte. Personne ne crie ni ne se plaint. La souffrance se banalise. En entrant dans la salle où une quinzaine de femmes accouchent, je suis pris d'un mélange de révolte et d'admiration. L'émotion m'envahit, incontournable, impossible à maîtriser. Or, c'est juste à cet instant que des phrases montent à mon esprit, réminiscences de vieux textes, mots qui collent exactement à l'expérience. Avec eux, des couleurs s'imposent: je vois un gris humide, un vert sale. Inconsciemment, je me prends à siffloter un thème musical doux et nostalgique, emprunté au répertoire américain: *A child is born*. Enfin, des images obsèdent ma mémoire: l'enfant à la poitrine enfoncée, la salle aux cent berceaux...

A ce stade, je n'ai pas encore de pensée à proprement parler. Pas de réflexion, encore moins de jugement. Je fais corps essentiellement avec une situation et c'est, précisément, de cette communion sensorielle intime que sort cet œuf originel dont parle Paul Klee [2]. Car il est là, tout entier, le projet de création, à la fois germe et matrice. Le germe — c'est-à-dire l'intuition fondamentale à peine concrétisée en quelques mots et gestes — deviendra demain, après réflexion et patient travail, la figure, l'idée, le message qui frappe la conscience. La matrice, c'est-à-dire le *ground* [3], l'atmosphère, l'environnement fondamental, cet air de guitare, ce brouhaha de bébés mêlé aux bruits de voitures. Ces réalités se bousculent en moi. Je ne les appelle pas, je ne les commande pas, elles semblent se tenir à la porte de ma conscience claire et pousser outrageusement [4]. Sorti de l'hôpital à midi, sous un soleil de feu, je vais au bar sur la place et, fébrilement, tire de ma poche le petit carnet de notes. Sous pression, sans ordre, ni réflexion, je jette sur le papier les mots qui me brûlent.

Dans le processus d'élaboration d'un produit audiovisuel, on appellera cette étape *la conception*. Non pas conception au sens usuel de production d'une idée, ni même d'une représentation, mais production d'une émotion qui se cristallise en quelques formes primitives et, surtout, en un *ground déterminant*. Rien à voir avec l'illustration ou l'habillage astucieux d'une idée. Même si le commanditaire a imposé son idée au départ, il faudra retourner en amont de celle-ci, à cette expérience mouvante et ambiguë qui lui est sous-jacente. On peut dire qu'il y a conception audiovisuelle au moment où le créateur est fécondé par la réalité avec laquelle il fait corps. Acte quasi sexuel, la conception, c'est le produit du corps à corps, le fruit de l'ébranlement sensoriel. Loin d'être un concept mental, c'est avant tout une direction qui prend forme dans un terrain.

Le processus ainsi décrit, dira-t-on, pour aussi valide qu'il soit, n'en est pas pour autant normatif. Pourquoi privilégier ainsi l'émotion et la plongée dans le désordre des choses? Faites donc œuvre de sociologue: le langage audiovisuel ne pourra-t-il pas naître des chiffres tout aussi bien que des cris de bébés? Eh bien, non! Les chiffres du sociologue sont naturellement faits pour être couchés sur le papier et, les cris de bébés, pour être enregistrés sur une bande magnétique. A chaque expression, son support propre. Et pour chaque support, chaque technique, une démarche particulière. Le créateur audiovisuel, fidèle au langage dominant des sons et des images, ira du sentir au comprendre, «de l'émotion à l'idée» selon l'expression du réalisateur Claude Santelli. L'écrivain sociologue ira, lui, de l'analyse à l'émotion, si tant est qu'on lui laisse exprimer de l'émotion! Telle est la démarche du créateur de messages. Telle, aussi, la démarche habituelle des récepteurs : d'abord ressentir. Qu'en sera-t-il de l'intellectuel? Khalil Gibran répond: «Arrivé à la fin de ce que tu dois savoir, tu es au seuil de ce que tu devras ressentir.»

Sentir pour comprendre

Il n'est d'autre moyen de comprendre la musique que de se «laisser avoir», a-t-on dit. Se laisser avoir, c'est-à-dire être totalement ouvert, réceptif au signal sonore et lumineux. Ne pas analyser. Souffrir, jouir, pleurer, rire, amorcer la danse dans ses jambes: heureux celui qui peut comprendre en s'identifiant! Pauvre auditeur, cet enseignant qui, écoutant un concerto, arrêtait à tout instant le mouvement pour dire à son entourage: 1er thème, reprise du thème, accélération syncopée, etc. Est-ce là comprendre la musique? Entrer dans l'intention de l'auteur? Le langage de la musique, de l'art, de l'audiovisuel est semblable à celui des fleurs. Les deux grandes voies d'accès en sont la sensibilité et le plaisir. Si la rose est sans parfum ni beauté, on la jette. La comprendre, c'est — au sens étymologique — la prendre avec soi. Si tel programme de TV ne me plaît pas, je ne le comprends pas, c'est-à-dire je change de chaîne ou j'éteins. Nulle intention de critiquer le savant qui détache les pétales de la rose pour les analyser au microscope. Nulle intention de pourfendre les critiques de télévision ou de cinéma qui décortiquent les aspects techniques, idéologiques, psychanalytiques et culturels d'un programme. Selon la formule de Politzer, ils jouent les «chiens de garde». Mais la véritable compréhension, celle qui est fidèle à l'intention de l'auteur, à la nature des choses et des médias, ne se trouve-t-elle pas dans un autre type de connaissance? Et essentiellement dans le plaisir d'être là, devant, avec. La jeune Canadienne, J. Girard, écrit: «Je fais partie de cette culture médiatique... Je vibre au disco et au rock et me laisse prendre par des créations qui utilisent les ressorts émotionnels. J'aime les films à suspense et me lasse des documentaires qui reproduisent le style littéraire à la TV ou à la radio [5].»

Dans une réunion de formateurs aux médias, deux séquences de reportage sont passées en vidéo: la première réelle, la deuxième truquée. On demande: quelles sont les erreurs relevées dans la deuxième séquence? Quelqu'un se lève dans la salle : «votre question est une question d'intellectuel. On ne regarde pas un reportage pour en éplucher les erreurs. Ça, c'est l'affaire du réalisateur et de sa déontologie. » Je ne dis pas qu'il faille supprimer le critère de vérité objective lorsqu'on écoute les nouvelles à la TV. Je dis que le critère dominant est ailleurs, je dis que le critère premier est celui de la sensation qui doit précéder les critères plus objectifs d'analyse et d'évaluation.

Il est bien connu des animateurs de groupe que la qualité de la discussion après une production audiovisuelle dépend de la première question posée. Si l'on demande : quel est le message ? Qu'avez-vous compris ?, on obtiendra une réponse immédiate de quelques uns. Deux ou trois personnes animeront la discussion tandis que le reste du groupe se désintéressera complètement. En revanche, si l'on formule autrement la question en l'axant sur l'impression ressentie, on observera, après un long silence, que chacun se met à raconter sa propre expérience : l'ensemble du groupe va s'échauffer et, imperceptiblement, on passera du message senti au message intellectuel réfléchi. Cette deuxième voie, certes, souffre des exceptions mais elle est la voie logique, conforme aux propriétés du médium : du sensoriel au conceptuel, de l'émotion à l'idée, de l'expérience à l'expression.

D'aucuns accepteront la validité de la pédagogie. Mais, diront-ils, la connaissance par le sentir, par les critères de plaisir n'a aucune valeur. Elle doit être bannie, rejetée au plus tôt. Question capitale que nous devrons examiner. Pour grave qu'elle soit, elle ne change cependant rien à notre assertion : *l'entrée dans le langage audiovisuel par l'émotion et le plaisir est dans la nature du médium.* Tenter de comprendre le message audiovisuel par les chemins appris à l'école, à savoir l'analyse, la rigueur des termes, l'enchaînement logique, c'est passer à côté du message.

Pourquoi sentir est-il premier ? La modulation

Ce primat du sentir obéit-il à des motifs de profit et de complaisance avec le public ? Sans aucun doute. Mais pour des raisons bien plus profondes, intrinsèques : *il est de la nature du langage audiovisuel électronique de parler avec vibration et d'être compris par le sentir.*

Visitant le centre de radio-télévision de Lausanne, en Suisse, notre guide — après avoir expliqué quelques installations de prise de vue et de prise de son — nous dit : allons maintenant au CDM, c'est le cœur. Là vous comprendrez tout le fonctionnement. CDM, cette abréviation m'était inconnue. Nous arrivons alors dans une grande salle bourrée d'écrans vidéo sur lesquels se dessinent des graphiques de couleur en mouvement perpétuel. Voilà le CDM, centre de modulations : sur les écrans sont inscrits tous les signaux que nous recevons du monde entier. Nous les amplifions, éventuellement les corrigeons, supprimant un bruit parasite, ajoutant des graves ou des aigus, mixant avec d'autres sources. Ainsi ce journaliste de radio-TV ne parlait pas d'images, de musique ou de paroles, mais de signaux et, très exactement, de modulation. La fabrication ou la réception des modulations, leur correction, leur amplification ou leur mixage, enfin leur émission, telle est la raison d'être d'un centre de radio-TV. Le mot-clé : modulation. Sous l'effet de l'électronique et, particulièrement, des ordinateurs, les sons et les images, les mots et les silences sont traduits en modulation. *La modulation désigne un complexe de vibrations qui varie en intensité, en hauteur, en harmonique, en degrés, c'est-à-dire en fréquences sonores ou lumineuses diverses.* Au départ, on a la réalité (une parole, le visage d'une personne). Au centre, grâce au micro et à la caméra, parole et image sont transformées en vibrations aux nuances indéfinies ; on a aussi — grâce aux outils électroniques — une manipulation de ces vibrations pour les cadrer et les améliorer. Enfin, en finale, on assiste à une reconversion analogique des vibrations en parole, image et musique. Comprenons bien : quand on dit audiovisuel, on ne désigne que le bout de la chaîne. En fait, ce qui est spécifique de ce langage audiovisuel électronique, c'est ce qui est au centre, à savoir la réduction en vibrations et la manipulation de ces vibrations. Dans le cas de la vidéo, notre description atteint son summum de vérité : en effet, jamais sur l'écran on n'a l'image complète. Preuve en est que si on photographie l'écran au 100e de seconde, on ne verra sur la photo que des lignes confuses. C'est le cerveau qui décrypte ces lignes et en fait une image analogue à la réalité.

Dans l'écrit, on ressent des vibrations visuelles à partir des caractères couchés sur le papier, mais si peu, comparativement au cinéma ou à la télévision ! En outre ces signes alphabétiques, par leur caractère deux fois abstrait (ce sont les signes des sons) conduisent imperceptiblement le lecteur non à vibrer mais à penser. Il en va tout autrement avec l'audiovisuel électronique : en bout de chaîne, images et sons sont en quelque sorte des condensés de vibration. Ils sollicitent l'auditeur non à abstraire, ni même à penser en priorité, mais d'abord à vibrer. Voilà pourquoi sentir est premier : la source, le centre du langage étant fondamentalement vibrations, il est nécessaire de sentir pour véritablement comprendre. Ou pour créer un vrai message audiovisuel.

Allons plus loin. On pense spontanément que le sens est dans le mot écrit et — en audiovisuel — dans la parole, le son ou l'image. Pourrait-on dire que le sens est dans la vibration ? En grande partie, oui, si par sens, on entend — non pas contenu intellectuel abstrait — mais effet produit sur la personne.

Pour expliquer cela à des débutants en audiovisuel, voici une expérience suggestive. Je parle tour à tour devant eux avec ou sans micro, étant bien entendu que la chaîne sonore est de bonne qualité (micro — ampli — hauts-parleurs) et qu'on parle avec le micro presque dans la bouche... comme les chanteurs ! L'effet est saisissant : le sens n'est pas le même selon que je parle avec ou sans micro. Avec le micro, l'auditoire perçoit mon souffle, mon dynamisme ou mes peurs intimes, mes hésitations ou ma volonté de domination : je suis en quelque sorte déshabillé, mon âme est mise à nu, je suscite l'attrait ou la répulsion. Sans micro, ce que je dis a plus d'importance que ce que je suis, l'auditeur est plus attentif au contenu intellectuel. Il ressent cette distance qui lui permet de penser avec moins d'implication affective. Une telle expérience — pour limitée qu'elle soit — fait clairement percevoir que la vibration est message et qu'en toute vibration est un sens caché.

La modulation, avons-nous dit, désigne matériellement un complexe de vibrations perceptibles et analysables à l'oscilloscope. Mais on doit aussi concevoir la modulation comme un langage. Les vibrations perçues par nos sens déterminent en nous des émotions, des images, voire des idées, en suivant certes des codes sociaux mais, avant tout, selon des analogies naturelles et des effets habituels sur le psychisme. Prenons un exemple. Le violoniste, en usant du vibrato de touche, tour à tour rétrécit et allonge les vibrations de telle manière qu'il introduit dans le son une sorte de fragilité tremblante. L'oreille reçoit ces vibrations hésitantes et confuses : le nerf vague réagit, l'information est transmise au cerveau à travers le système lymbique [6]. L'auditeur perçoit alors des émotions où se mêlent confusément l'incertitude, l'attente et l'hésitation. Il peut percevoir — même de manière floue — une analogie avec sa propre voix émue et désaccordée. Éventuellement, des images naissent en lui, souvent empreintes de souvenirs, peut-être des couleurs, des formes et des désirs. Parlant de la manière dont le son engendre des couleurs, O. Messiaen explique :

> Il est puéril d'attribuer une couleur à chaque note. Ce ne sont pas les sons isolés qui engendrent des couleurs, ce sont les accords ou mieux les complexes des sons. Chaque complexe de sons a une couleur bien définie. Cette couleur va se reproduire à tous les octaves, mais elle sera normale dans le médium, dégradée vers le blanc (c'est-à-dire plus claire) en montant vers l'aigu, rabattue vers le noir (c'est-à-dire plus sombre) en descendant vers le grave [7].

Tel est le processus de modulation aboutissant à un langage, c'est-à-dire à un système de signes porteurs de sentiments et de pensées. Langage certes plus ambigu et polysémique que celui des mots en raison de la variété innombrable des filtres culturels, sociaux et caractériels des personnes. Il n'en demeure pas moins vrai que toute modulation porte un sens, sinon il n'y aurait ni musique, ni peinture moderne.

Dès lors, lire l'image électronique, ce n'est pas décoder des lignes ou suivre des enchaînements de signes mais, avant tout, réverbérer dans l'œil des vibrations lumineuses et en reconnaître la portée à travers une transformation psychique. Comprendre des sons, ce n'est pas décoder culturellement des rythmes et des lignes mélodiques, c'est principalement être ébranlé nerveusement comme des cordes de harpe que l'on pince, c'est être mû dans son psychisme, c'est prendre la direction particulière de pensée et d'émotion incluse dans la suite des sons. Il serait stupide d'imaginer que les codes et les apprentissages antérieurs ne jouent pas dans la saisie des messages audiovisuels électroniques. Stupide d'imaginer l'absence d'interférence entre le sentir et le code. Stupide encore d'oublier l'impact des pratiques sociales qui, comme le lit d'un fleuve, dirigent nos goûts. On voudrait seulement rendre le lecteur attentif au rôle fondateur des vibrations électroniques pour déterminer la sensibilité individuelle et donner un sens aux images et aux sons. Ne doit-on pas expliquer ainsi l'influence notoire exercée par les médias dans le brassage des classes sociales ou la relance d'un nouvel individualisme. L'électronique est un petit dieu.

Que sentir soit premier dès lors qu'on parle en images et en musique, c'est sans doute vrai, ce langage étant à dominante sensorielle. Que sentir soit premier en audiovisuel électronique, toute étude de ce cœfficient électronique amène à le comprendre et à l'affirmer sans conteste. Mais quelle sensibilité va naître de la pratique, à longueur d'année, des modulations audiovisuelles ?

Sentir, qu'est-ce à dire ?

« Le cœur sent qu'il y a trois dimensions dans l'espace… les principes se sentent, les propositions se concluent. » Pascal, dans sa distinction classique entre *esprit de géométrie et esprit de finesse*, cœur et raison, exprime assez bien ce qu'il faut entendre par le terme *sentir*. Il n'est pas sans interêt de remarquer que ces distinctions humanistes s'apparentent étrangement aux caractéristiques que la science neurologique moderne attribue respectivement au cerveau droit et au cerveau gauche. Le premier *sent*, le second lit, analyse, raisonne [8]. Le terme *sentir* ou *ressentir* utilisé dans cette étude comprend indissolublement plusieurs niveaux : sensation, émotion, intuition.

En audiovisuel, sentir prend d'abord et toujours naissance dans le sensoriel. L'ébranlement du système nerveux par les médias est à la fois plus diffus et plus sélectif qu'on ne le croit habituellement. Ainsi McLuhan disait-il de la TV qu'elle était un médium tactile : la multitude des petits points envoyés sur l'écran par le rayon cathodique crée un effet de sculpture et induit un toucher. Que dire du walkman ou de tous ces supports sonores à haute définition délivrant une forte intensité ? *On n'écoute pas seulement par l'oreille, mais par le corps tout entier*. Quant aux affiches publicitaires, avec leurs contrastes et leurs néons, elles sont à comprendre comme des stimulants qui vont bien au-delà de la perception visuelle d'une page d'écriture. Ces stimulants, de par la force de masses et de lignes évocatrices, réveillent l'imaginaire et mélangent les sensations : telle pub de bière, par exemple, stimule la pulsion sexuelle et évoque la plénitude après l'accomplissement.

A l'ébranlement sensoriel, se relie directement l'émotion. Entendons par là une certaine rupture du calme psychique, un dérèglement de la linéarité, voire une explosion dans le comportement habituel. *L'émotion se situe entre le psychique et le physique et désigne une tonalité affective forte*. Des tests ont été faits qui calculaient le changement de rythme cardiaque aux différents moments d'un film, preuve de l'affect corporel particulier des images et des sons. Ainsi l'émotion modifie-t-elle le corps de manière significative.

Intimement mêlés à l'émotion, les sentiments, cet état psychique aux mille nuances qui caractérise la première intellectualisation du sensoriel. Tel clip me met dans un état de peur, de dégoût ou de tendresse pour le chanteur. Le film *Les dents de la mer* fait naître en moi l'horreur du monstre et la tendresse pour l'enfant innocent. Ainsi, dans les sentiments, un objet se dessine, une intention se fait jour pour quelque chose ou quelqu'un.

Enfin, et surtout, sentir c'est *être saisi par des intuitions particulières*, des directions de pensée qui semblent percer la réalité ou qui — à tout le moins — orientent la compréhension. De l'ambiance d'un film, des premiers mots exprimés, des sentiments éprouvés pour tel ou tel acteur, naît l'intuition de ce qui va arriver. C'est pour cette raison qu'on recommandera aux réalisateurs de soigner le générique et la première séquence. Ce sont des rails : le spectateur ne sait pas encore où il va mais jamais il ne devra sortir de ces rails. L'intuition, c'est la projection de soi en avant, c'est la signification devinée dès le départ grâce au style et à l'atmosphère.

Au centre, l'oreille

Pour les adultes, marqués par la dominante scolaire, au centre de l'audiovisuel, l'image. Pour les jeunes, marqués par la radio-TV, au centre de l'audiovisuel, le son. Je pense que les jeunes *sentent* juste. Quand les sociologues disent que le premier effet des médias est — non de nous faire apprendre — mais de nous socialiser, ils diagnostiquent, en quelque sorte, le primat de l'oreille. Par l'oreille, je participe, je suis *in*. Mieux vaut être aveugle que sourd, disent les psychologues : c'est que l'oreille est le sens fondamental de la présence aux êtres et aux choses. L'œil met au-dessus ou en face, l'oreille met dedans, *immerge*. Mais comment peut-on dire que les médias développent davantage l'oreille que l'œil ?

La constatation d'une dominante auditive, vérifiée au niveau de la jeune génération, est cependant bien difficile à expliquer et à justifier. Certes, on invoque la qualité des sources sonores, des amplis et des haut-parleurs. A-t-on assez pris en compte le goût des jeunes pour le walkman et les casques hi-fi ! Quel Japonais fou aurait pu imaginer qu'on se *baladerait* dans les rues et les trains avec des super-écouteurs, s'il n'avait eu l'intuition que la clé, le plaisir, l'accomplissement de cette civilisation était du côté de l'oreille ? Je pense toutefois que l'explication centrale du primat de l'oreille réside dans une destitution du pouvoir focalisant de l'œil sur un point précis, au profit d'une présence sensorielle globale à l'environnement. Dès lors, *on regarde comme on entend*.

Quand le médium alphabétique domine, l'organe majeur de la compréhension est l'œil. Évident, mais ce constat ne suffit pas. On doit ajouter : l'œil, en tant qu'il est *au-dessus* de la feuille de papier, en tant qu'il surplombe les réalités et, surtout, en tant qu'il passe d'une lettre à l'autre, d'un mot à l'autre, du détail au global. Nous en sommes inconscients tant nous avons acquis de la vitesse et de l'habitude. Mais lire un texte, c'est faire des sauts de puce d'un point à un autre le long d'une ligne. A l'inverse, *lire une image*, c'est passer du global au détail, de la plage au grain de sable. Sur l'écran de télévision, je ne vois pas les pixels, je ne saute pas d'un point à un autre, d'une ligne à l'autre : je reçois globalement un impact. C'est dans un acte second — si je le désire et si j'en ai le temps — que je vais me focaliser sur des détails. Quand ce trublion de McLuhan a lancé, le premier, l'idée d'une prépondérance de l'oreille sur l'œil, on ne doit pas — me semble-t-il — s'appesantir sur une exégèse physique de la sentence. J'interpréterais ainsi : l'œil se met à voir à la manière de l'oreille, c'est-à-dire de manière globale et participative plutôt que pointue et dominatrice.

Passant dans les rues illuminées des grandes villes où scintillent mille pubs et néons, j'ai cette expérience : ce n'est plus moi qui regarde mais je suis regardé. Difficile de me focaliser sur un point : il y en a beaucoup trop ! Je marche dans l'image et les lumières comme dans un environnement. Mes yeux deviennent en quelque sorte semblables à mes oreilles.

A trop vouloir établir une prépondérance matérielle de l'oreille sur l'œil on fait sans doute fausse route. L'essentiel, à mon point de vue, est de diagnostiquer un changement de la vision selon des caractères propres au sens de l'ouïe : l'immersion, la globalité, la réceptivité, l'impact sensoriel fort conduisant plutôt à la rêverie intérieure qu'aux idées claires. La musique du *new-age*, de Vangelis ou de M. Jarre, le rock et le disco caractérisent ce type de perception où œil et oreille s'entremêlent librement et où les catégories fondamentales sont celles d'espace, de rythme et de vibration.

Sans doute, grâce aux outils électroniques — du téléphone aux amplis — nous baignons dans le son, comme hier nos ancêtres dans les bruits de la forêt. Comment un tel bain ne développerait-il pas l'oreille et ses modes propres de perception ? Au delà de ce constat physique, on doit aussi noter le changement dans les objets regardés : ce ne sont plus seulement les lettres d'un livre, mais d'immenses images, lesquelles semblent nous faire un clin d'œil au passage dans le métro. Ce ne sont plus seulement des signes couchés sur le papier, mais des rayons lumineux qui nous balaient après avoir balayé l'écran de TV.

En clair, lorsqu'on parle de prédominance de l'oreille, on souligne deux aspects :

— non pas la prédominance quantitative d'un organe sur l'autre mais un changement dans les modes habituels de perception. De pointue et dominante qu'elle était sous l'effet d'une visualisation alphabétique prépondérante, la vision devient plus globale et réceptrice. En comparant avec les objectifs de caméra, on pourrait dire : la vision de l'œil passe de la macro au grand angle ;

— l'œil acquiert un mode de perception qui l'apparente à celui de l'oreille et c'est en ce sens que l'oreille domine. On sent les choses à partir du mode de perception de l'oreille : sensibilité aux vibrations et à l'environnement.

Les yeux prenant une vision grand angle s'allient spontanément avec l'audition stéréo des deux oreilles. Les yeux, en intériorisant mieux ce qu'ils voient, s'allient spontanément avec l'intériorité sinueuse du conduit auditif. Quant à la prépondérance de l'oreille, elle doit être comprise avant tout comme un mode particulier d'être présent.

Ce changement de prépondérance est lourd de conséquences. Une autre présence au monde se développe, plus proche de celle des Africains ou des Asiatiques que de celle des Occidentaux. L'univers s'organise non comme un tableau que l'on contemple, mais comme une forêt dans laquelle on se promène. L'oreille exigeant l'espace, les trois dimensions et le contour, nous recherchons plus qu'auparavant la contiguïté, la présence et le cadre harmonieux. *Comprendre, c'est participer.* Les fêtes rock, le disco, la chambre habillée de posters et vibrante de musique, tel est l'univers de l'oreille, bien différent du bar select où on lit son journal dans un coin.

Le poids de la situation

Le sentir est marqué par la prédominance de la perception auditive avons-nous dit. Il l'est aussi par le poids de la situation et de l'environnement.

Les facteurs psychologiques, sociologiques ou culturels — pour importants qu'ils soient — ne semblent pas les plus déterminants. En revanche, d'autres facteurs apparaissent majeurs : la fatigue, l'heure du jour, le siège confortable ou non, les gens qui sont avec moi, la digestion après le repas, l'âge, etc. En d'autres termes, la situation, l'environnement, le *ground*. On sent *in situ* : en ce temps-là, en ce lieu-là et avec ce corps-là.

Un court métrage américain montre en gros plan un homme écoutant un preacher débiter avec grande conviction son discours à la télévision. Peu à peu, le plan s'élargit et nous découvrons l'homme affalé dans un fauteuil, fumant un gros cigare et vidant, par rasades successives, une bouteille de whisky. Charge, sans doute ! Mais quelle différence entre l'enfant qui regarde la TV seul à la maison et celui qui la regarde en compagnie de sa grand-mère, celui qui la regarde de sa baraque dans un slum et celui qui la regarde dans son salon feutré, celui qui la regarde au petit déjeuner et celui qui la regarde, la nuit, au lit avec sa femme ! Mireille Chalvon [9] souligne combien les effets de la TV sur l'enfant sont, avant tout, facteur du milieu familial. Ainsi le sentir est-il un phénomène spatio-temporel, voire collectif : il appartient plus à l'arrière-plan de l'environnement qu'à l'avant-plan de la conscience.

Tel étudiant adulte, préparant un doctorat, m'affirme écouter en moyenne six cassettes de musique par jour : « souvent les mêmes, dit-il, mais selon le moment où j'écoute, la musique me semble différente. Ce ne sont pas les mêmes instruments qui me frappent avant ou après le repas.» Lui ayant demandé s'il n'en était pas de même pour les livres, il me répondit: «non, je crois qu'avec les cassettes, je suis passif et je reçois selon l'état où je suis. En revanche, quand je lis un livre, je suis plus actif. C'est moi qui dirige. Du coup, je change moins dans mon évaluation.» Réponse judicieuse: les idées et les enchaînements contenus dans un écrit touchent directement l'intelligence, fonction moins physique de notre être, donc moins sujette aux variations du corps et de l'environnement.

L'importance de la situation nous a conduit à deux réflexions. D'une part, il semble impossible de dresser une typologie pertinente des auditeurs ou des récepteurs de médias en raison de l'infinie variété des situations. Comment typer ou classifier ces situations innombrables qui déterminent la réception à 60 — 70% ? D'autre part, l'expression «regarder la TV ou écouter la radio» ne signifie pas grand chose ! C'est comme dire: «respirer l'air». Quand des statistiques américaines annoncent une écoute moyenne de la TV de 7 heures par jour, qu'on n'aille pas s'imaginer qu'il s'agit de 7 heures d'écoute attentive dans son fauteuil. On n'écoute pas la TV à la manière dont on lit un livre. On est *sous influence*. Rien de plus. On sent une présence et parfois on regarde. La TV, la radio, comparons-les à un enfant dans la maison. On ne le suit pas à chaque instant, mais il fait partie du paysage et de nous-même. C'est en ce sens qu'on le *com-prend.*

Le cas de l'informatique

Le primat du sentir s'applique-t-il à l'informatique?

Notre réflexion se focalisant sur l'audiovisuel — radio, TV, montage, photo — nous n'avons pas parlé de ces outils qui ont envahi nos bureaux et nos maisons: les ordinateurs. La question cependant mérite d'être posée car — de quelque manière — les ordinateurs font partie du monde audiovisuel électronique.

Nombre d'observateurs sont convaincus du caractère essentiellement ludique de la TV [10]. Par expérience, sans doute. Mais aussi par analyse des effets du rayon cathodique balayant l'écran de télévision. Tout se passe comme si — inconsciemment — le spectateur jouait avec des impulsions vibrantes. Or, si cette théorie s'avère juste, elle vaudrait aussi pour l'écran de l'ordinateur. Le système de l'écran vidéo provoquerait — par lui-même — des affects, des stimulations, des réactions de fascination, un certain besoin de dialoguer et de jouer avec. Le succès considérable du minitel pour des messageries roses ou conviviales en est la preuve éclatante.

Dès lors, l'émotion joue-t-elle un rôle primordial en informatique? Évidemment non, diront les adultes conditionnés par les apprentissages scolaires. A observer les enfants jouant à l'ordinateur, la réponse sera sans doute plus nuancée. Quoi qu'il en soit des apprentissages, le cas de l'ordinateur semble mettre en valeur le double fonctionnement du cerveau. D'un côté — cerveau gauche — l'ordinateur fait fonctionner les catégories de logique et d'abstraction propres au langage alphabétique et mathématique. De l'autre côté — cerveau droit — l'ordinateur, par son écran vidéo, fait fonctionner les catégories de jeu et de sentiments. Des chercheurs de l'Université de Waterloo, au Canada, poursuivant cette hypothèse ont tenté de montrer que la pratique de l'ordinateur risquait de conduire à une certaine coupure (*split*) du fonctionnement normal du cerveau : d'un côté, la stimulation électronique touchant le cerveau droit et, de l'autre, la pratique informatique touchant le cerveau gauche.

Bien jeunes sont ces hypothèses pour y souscrire sans réserve. Un point demeure sur lequel les observateurs s'accordent : pour la majorité des personnes, travailler à l'ordinateur est plus intéressant — plus ludique — que travailler sur une feuille de papier. Bien plus, pour les fanatiques de l'ordinateur, un véritable contact affectif — voire sensuel — s'établit avec l'ordinateur. Étudiant le comportement intellectuel et affectif des *hackers* (les drogués de l'informatique), Sherry Turckle décrit d'étranges comportements amoureux : « Une nuit passée sur l'ordinateur et une nuit de sexe ont beaucoup en commun [11]. » On ne saurait donc mettre complètement entre parenthèses l'adage *sentir est premier* quand il s'agit de l'ordinateur : quelque part, il y a là du jeu, du sentiment, de l'émotion.

Sentir est-il connaître ?

En accréditant tellement le sentir, ne va-t-on pas tuer la connaissance proprement humaine ? D'entrée, une remarque s'impose : Qu'il s'agisse de création ou de compréhension approfondie, sentir n'est jamais qu'une première étape. Il y a loin de l'émotion à la rédaction d'un script, loin des premières intuitions aux théorèmes. En audiovisuel, comme dans le monde littéraire, ils sont rares ceux qui dépassent l'approche globale pour *maîtriser* un sujet, maîtriser au sens d'intégrer, dans un juste équilibre de réceptivité et d'activité, d'habileté technique et d'esprit créateur. Que d'étudiants en audiovisuel avons-nous observés qui, se laissant aller aux émotions, ne franchissent jamais l'étape de la remise en cause par une équipe ou par la technique, l'étape de la patience et des vingt recommencements ! Devenir un professionnel, c'est précisément dépasser l'émotion et le coup de génie d'une belle photo, c'est entrer dans la logique d'un déroulement rigoureux et d'un travail précis.

Ayant admis le caractère partiel — voire inchoatif — du sentir audiovisuel, peut-on parler de connaissance, de véritable connaissance ? Je répondrais *oui*, sans hésitation. Et même, j'oserais dire que si l'on ne réhabilite pas cette forme de connaissance embuée d'affectivité et d'imagination, on n'entrera, ni dans la totalité de l'homme, ni dans le XXIe siècle de l'information et de la communication. Que le sentir puisse préparer un savoir humaniste ou scientifique, nul ne le discutera. Mais qu'il ait valeur de pensée, comment en rendre compte ?

Proche des racines sensorielles, le sentir audiovisuel désigne le mode de connaissance fondamental et primaire de l'être humain. Connaissance au sens étymologique de *naître avec*, de *prendre avec soi*. Cette connaissance par participation, intégration, communion, est la mère de toute véritable connaissance : elle commence par un toucher personnel des choses plutôt que par l'acceptation d'une représentation venant d'autrui. Aux débutants en audiovisuel, avant tout repérage, j'essaie de faire comprendre qu'ils doivent revenir aux sources, là précisément où on sent par soi-même. J'explique comment l'amplification audiovisuelle des réalités représente une chance particulière pour retrouver un toucher vierge. Essayer de passer de la perception au *percept*. La perception désigne une certaine organisation plus ou moins sophistiquée du toucher, une sorte de préalable cognitif. Le *percept*, au contraire, désigne une sorte de toucher originel et intime. Mais il n'est pas facile de renaître dans la connaissance en osant passer par le sentir !

Il est évident que si on privilégie, en l'homme, le pouvoir sur la nature et la société, la connaissance par le sentir est inférieure, voire méprisable. En revanche, si on privilégie la création audiovisuelle, ou — sur un autre plan — la personnalisation, la présence harmonieuse dans le cosmos, la qualité de la vie et la communication, alors une telle connaissance ne devient-elle pas la plus importante ?

La connaissance audiovisuelle

Comment rendre compte de cette connaissance ? Le meilleur terme pour la définir est sans doute celui de *symbolique*. La connaissance symbolique a le *génie* de franchir les murs pour unir tout ce qui présente quelque aspect commun. Elle fonctionne intuitivement par analogie, la pensée saisissant spontanément tous les éléments concordants : affinité, congruité, synchronicité. L'autre type de pensée est de distance, de définition et de séparation des moindres différences. L'un dit : voici la nuit, voici le jour. L'autre dit : dans le jour, il y a de la nuit. L'un dit : la nuit et le jour sont des réalités objectives, en dehors de moi. L'autre dit : je ressens, en moi, la nuit et le jour. L'un dit : c'est 1 ou 0. L'autre : toute réalité est à la fois 1 et 0, car faite de places et d'éléments différents. Difficile de réconcilier ces deux formes de pensée ! L'une est occidentale, cartésienne, procédant par analyse et raisonnement. L'autre est africaine, chinoise, indienne, procédant par ramifications, avant-plan et arrière-plan [12]. Le sémiologue, Adrien Ntabona, du Burundi, nous faisait remarquer qu'en *kirundi*, on utilisait le même mot pour entendre, comprendre et aimer. On a réhabilité le droit des peuples à leurs cultures. Soit ! Mais à leur pensée ? Pourra-t-on jamais réhabiliter la culture d'un Indien d'Amérique du Nord, si l'on ne considère pas la haute valeur — voire la prépondérance pour le développement humain — de la pensée symbolique ? L'enjeu audiovisuel est important, qui pourrait être la chance de relativiser nos formes de pensée cartésienne pour entrer dans une conception plus vaste, et donc plus universelle, du *cognitif*.

A la connaissance symbolique sont liés tous ces programmes qui peuplent nos écrans, d'*ET* à *Rencontre du 3ᵉ type*, d'*Indiana Jones* aux clips : imagination, éclatement des frontières, sentiment d'un au-delà des choses, mystique et sataneries. C'est que la pensée symbolique unit non seulement les pans de réalité mais aussi l'inconscient et le conscient. Dans cette connaissance symbolique, il importe enfin de remarquer qu'émergent à nouveau des catégories quelque peu suspectes ou délaissées : la nature, l'arrière-plan (ou *ground*).

L'audiovisuel électronique, si étrange qu'il paraisse à première vue, réhabilite les concepts de nature par opposition à ceux de culture. *Nature* — non pas au sens métaphysique d'essence — mais *au sens commun de ce qui est donné là : le corps, le sexe, la terre et l'atmosphère*. L'écologie n'est pas seulement un besoin de défense, elle est une des expressions de la primauté du sentir. L'habitude majeure et prolongée de l'écriture alphabétique plutôt que de l'image et des sons nous avait amenés inconsciemment à privilégier la codification, l'abstraction, la construction formelle. Les techniques électroniques de communication nous remettent en quelque sorte les pieds sur terre : elles représentent, en effet, une invention humaine beaucoup moins abstraite que l'écriture alphabétique. L'électronique audiovisuelle, a-t-on dit, n'est pas une quelconque brouette entre nos mains, elle est une extension des sens, une amplification de l'œil et des mains, un prolongement du système nerveux central et du cerveau. Greffe sur la nature. Au pis aller, une prothèse, jamais un code. *L'écriture* audiovisuelle n'est pas un arbitraire conçu grâce une abstraction géniale, comme ce fut le cas de l'écriture alphabétique. Elle est au contraire plongée dans la nature des choses : bruit du vent, son de la voix, image des arbres et des personnes.

La réhabilitation de la nature s'accompagne de celle de *l'arrière-plan* des réalités. Ce concept d'arrière-plan (*ground*) en référence à l'avant-plan (figure) fera l'objet, au chapitre suivant, d'une analyse plus approfondie. Néanmoins, nous ne pouvons passer sous silence cette notion maîtresse. La connaissance sensible a ceci de spécifique qu'elle nous immerge, avant tout, dans un terrain suggestif. Simenon raconte que, pour écrire ses romans, il choisit d'abord un lieu et une atmosphère : le long d'un fleuve, le soir quand la brume se lève... Et c'est alors, dit-il, que ses personnages s'animent. Ils sortent pour ainsi dire de terre et il n'a plus qu'à les suivre. Voilà, typiquement, la démarche et la pensée audiovisuelle. La figure — disons brièvement ce qui apparaît à l'avant-plan de la conscience — naît, prend forme et vigueur à partir d'un terrain, ou arrière-plan, lequel constitue la matrice, l'élément fécondant de la pensée. C'est par l'arrière-plan que j'accède à l'intuition, à la direction, à la compréhension fondamentale. C'est par l'arrière-plan que les idées, en moi latentes, sont stimulées et montent à la conscience, comme gonflées de sève.

La connaissance à forte implication affective et sensorielle favorise-t-elle le développement d'une authentique culture ? Nul doute, si l'on sait reconnaître la valeur de la pensée symbolique. Une pensée que la domination de la raison induite par l'alphabétisation nous a fait sous-estimer durant des siècles. L'audiovisuel électronique, en introduisant d'autres sensibilités et d'autres processus mentaux, fait pencher la balance autrement. Il n'est certes pas sans danger de s'y abandonner unilatéralement et sans formation. C'est de la conscience d'une certaine autonomie des formes de connaissance et de leur complémentarité qu'adviendra le progrès de la culture. Nous avons trop fonctionné en *mono* : nous devons passer à la *stéréo* [13]. A l'heure où, sous la poussée des technologies électroniques et des médias, les peuples sont mis en demeure de se comprendre et de communiquer, il est important, voire urgent, de revaloriser les valeurs d'intuition et d'émotion. Sinon de nombreux peuples resteront à l'écart, humiliés et agressifs parce que non reconnus dans leur génie culturel.

La formation du sentir

Sans nier leur importance, des cours théoriques ne sauraient suffire. A donner trop de poids à une étude sémiotique, historique ou sociologique, ne risque-t-on pas de fermer la porte de la culture symbolique et médiatique ? N'est-ce pas un contresens d'appliquer trop exclusivement à l'audiovisuel les instruments d'analyse et de compréhension propres à la culture littéraire ou scientifique ?

Le mot-clé qui, à notre point de vue, caractériserait une formation audiovisuelle intégrale serait celui d'*immersion*. L'immersion désigne un mode de formation dans lequel on apprend plus par le *contexte* global que par l'enseignement formel, par le *faire* que par le *dire*, par la *relation* avec les maîtres et l'entourage que par l'étude individuelle. Au plan des médias, l'immersion s'effectue surtout par des expériences de création réalisées en groupe et par la réflexion sur la production sous la conduite de réalisateurs et de professionnels. Les formes peuvent varier, l'essentiel étant la production en équipe et le stimulant de véritables réalisateurs. Cela à l'inverse d'une formation où dominent le cours théorique et l'analyse. On apprend en étant *in*. *In* dans les relations de l'équipe, dans la manière de discuter au bar et de faire du montage en studio, dans l'angoisse énervée avant le tournage, dans la patience du cadreur à préparer son plan et à attendre son tour, dans le respect des rôles, dans les recommencements exigeants du réalisateur, dans ce mélange d'extrême rigueur et de relax. Toutes choses non transmissibles par des cours théoriques et qui éduquent en même temps l'esprit de création, le sens critique et le professionnalisme.

Un autre mot-clé est celui d'*apprentissage de la modulation*. Le langage de modulation, c'est la couleur des rayons lumineux, l'incidence des projecteurs pour sculpter un visage, la manière d'attaquer un son et de le perdre dans l'inconscient, la violence verticale d'une accentuation, l'intimisme des voix qui montent du ventre, bref ces mille éléments cadrés, combinés, mélangés qui vont créer le sens par impact naturel. Autant d'éléments impossibles à apprendre dans les livres.

C'est en apprenant la *juste modulation* qu'on apprend à sentir. Telle est la porte d'entrée de la communication.

II

Priorité à l'arrière-plan

A. Merhabian, expert en télévision, écrit: «...A la télévision, ce qu'une personne dit ne représente que 7% de ce qu'elle communique réellement; 38% du message est transmis par sa façon de s'exprimer (voix, vocabulaire, rythme du discours) et 55% par les expressions du visage et les mouvements du corps [14].» Un tel pourcentage en dit long. S'il est exact, il bouleverse l'ordre des valeurs scolaires. L'université apprend que le message est dans le mot juste et la séquence bien construite. Même si elle relève plus d'une appréciation subjective que d'un calcul scientifique — d'ailleurs impossible — l'affirmation de Merhabian exprime de manière suggestive notre thèse: dans le langage audiovisuel et dans les médias, de manière générale, l'arrière-plan (ou *ground*) est plus important que l'avant-plan (ou figure). A l'inverse du langage écrit et de la culture littéraire où la figure se révèle beaucoup plus importante que l'arrière-plan.

A mesure qu'on avance dans l'intelligence du langage audiovisuel, le rapport entre l'arrière-plan et la figure s'impose comme le meilleur outil, non seulement pour analyser et expliquer mais aussi pour créer. De toutes les clés pour entrer dans les médias, celle-ci est sans doute la plus originale et la plus importante. Mais comment la comprendre? La notion d'arrière-plan ou de — *ground* — est des plus complexes. Le rapport entre arrière-plan et figure est variable d'un instant à l'autre.

Qu'entend-on par arrière-plan ou *ground* et figure?

Difficile de mettre en tête de ce chapitre le terme anglais de *ground* opposé à celui de figure. Trop barbare. Aussi avons-nous choisi le terme d'arrière-plan, le moins mauvais qu'on ait trouvé dans notre langue. A vrai dire, il ne convient pas. Il risque même de conduire à une compréhension non seulement restreinte, mais erronée. Par la suite, on emploiera très souvent le terme anglais de *ground* car la réalité que nous voulons définir n'a pas de mot français pour l'exprimer. Peut-être parce que notre langue excelle précisément dans des catégories plus intellectuelles et cérébrales que celles de l'audiovisuel. Le terme de *ground* condense deux aspects de la réalité, l'un interne et invisible, l'autre externe et visible.

Le *ground*, c'est *indissolublement*:

– l'arrière-plan	et la substance des réalités,
– l'environnement	et le fondement,
– le contexte	et la raison d'être,
– l'apparence	et la cause formelle,
– le conscient	et le subconscient.

Que le lecteur veuille bien excuser l'emploi tout au long de ce livre de ce terme anglais. Je l'utilise chaque fois à regret, mais comment l'éviter sinon par une périphrase qui deviendrait vite insupportable.

Ce terme est si riche que Milan Kundera, dans son roman *L'immortalité* l'évoque comme une catégorie essentielle de compréhension du monde. Parlant du terme correspondant allemand « grund », il écrit : « ...tout au fond de chacun de nous se trouve, en tant que cause de ses actes, ce que les Allemands appellent *grund*, un fondement, un code qui contient l'essence de notre destin [15]. » « ...En allemand, écrit-il ailleurs, la raison en tant que cause se dit *grund*, mot qui n'a rien à voir avec la *ratio* latine et qui désigne d'abord le sol, puis un fondement [16]. » C'est en raison de sa tonalité à la fois essentielle et physique, spirituelle et corporelle, que ce terme correspond exactement à la réalité audiovisuelle. Dans l'univers littéraire, on parlera plutôt de texte et de contexte, de fond et de forme. Ces catégories se révèlent inadéquates pour rendre compte de la télévision et de la publicité. Pour étranges et abstraites qu'elles puissent paraître, ces notions et distinctions sont de première importance pour la culture des médias. Elles expriment une expérience fondamentale.

Prenons un exemple à partir d'une prise de vue banale. Sur la terrasse d'un petit immeuble, une femme accoudée à la balustrade me sourit et me fascine par son allure idéale un peu éthérée : *focus* sur la personne, cadrage assez large tel qu'on en fait avec les appareils courants, clic-clac, la photo est prise. A n'en pas douter, dans la conscience d'un photographe débutant, cette personne est à l'avant-plan, elle est *figure*. Tout le reste est secondaire. Ainsi, autour d'elle, les thuyas sont ignorés bien que leur ligne doublent la silhouette de la femme et que leur couleur verte colore sa peau. Ainsi encore, à une centaine de mètres derrière, un grand immeuble aux fenêtres alignées sur des murs jaunes roses qui réfléchissent le soleil. Toutes ces réalités sont mal perçues, sinon oubliées : elles sont hors du champ de la conscience claire. Le terme français d'arrière-plan s'applique ici parfaitement : c'est derrière, au-delà, sinon inconscient, du moins sub-conscient. La femme, elle, polarise tout l'intérêt.

La photo est tirée. Surprise. Que voit-on apparaître ? L'avant-plan – la femme – est bien toujours là devant, mais noyée, banalisée. Elle semble triste, absente. Son joli sourire semble évanoui. La balustrade qui s'étire derrière ses reins la casse en deux, le ciel d'orage la menace de ses nuages gris; à l'arrière, un rayon de soleil filtrant sur le mur distrait le regard. Peu à peu, c'est tout l'arrière-plan qui ressort, qui monte en puissance et se met en quelque sorte à crier : la lumière gris-vert qui baigne la femme, la réverbération de l'immeuble, l'irréalité d'une terrasse entre terre et ciel, l'allure rabougrie des thuyas, le ciment grossier et terne des bacs, bref l'insignifiance de la situation et le bric-à-brac confus des lignes et des formes. Que s'est-il donc passé pour que l'avant-plan disparaisse ainsi et devienne si terne qu'on a envie de jeter la photo? Ceci: dans la photo — à l'encontre de ce qui se passe dans le contact direct ou dans l'écrit — le *ground* est essentiel, prioritaire. C'est lui qui donne corps à l'âme. C'est lui qui donne sens et produit l'effet sur le spectateur. En affectant la femme, il révèle son être profond.

La faute de langage? On a photographié la figure de la femme, pas son *ground*. Le *ground est d'ailleurs*, il ne lui appartient pas. Cette balustrade, ce mur derrière, cette lumière triste dessinent le contraire du corps de cette femme. Elle m'était présente; le mur ensoleillé, en captant mes yeux, la rend absente. Elle était souriante, le ciment la fige. Imaginons un instant que nous changions de cadrage: la femme, main levée, fait signe dans un champ où percent les fleurs du printemps, une lumière chaude baigne son visage, le focus est sur ses yeux, son pull jaune contraste avec l'herbe, parterre un peu flou, bref un *ground* idéal, irréel et éthéré. Photo. Même si la femme sourit peu, je la retrouve telle que sa figure m'était apparue sur la terrasse. Dans le cas présent, j'ai photographié non seulement son visage mais son *ground*, c'est-à-dire sa substance, son être intime manifesté dans un corps et dans un environnement.

Quand je lis un livre, ce qui compte, ce qui produit l'effet, ce sont principalement les mots, véhicule de la pensée. Et, bien sûr, ces mots sont à l'avant-plan de ma conscience, non le papier. Il en va de même, à un degré moindre cependant, dans la communication orale habituelle. Quand le professeur donne son cours, ce sont ses idées qui trottent dans ma tête: ses gestes, son costume ou les murs de la classe sont là; néanmoins, ils demeurent à l'arrière-plan. Normalement les idées dominent. Il en va tout autrement à la télévision: même si les idées restent encore à l'avant-plan de la conscience, même si au café on discute de ce qui a été dit, en réalité le message, c'est-à-dire le sens, l'effet produit, vient d'ailleurs. Décrivant de Gaulle à la télévision, Jean Lacouture montre bien ce lieu du message:

> De Gaulle devant le petit écran, c'est un œil, un masque, des avant-bras. L'œil d'éléphant, de ruse et de rancune, fourré de sagesse énorme et de colère froide; le masque que l'âge a cessé de raviner pour en raboter désormais les méplats, comme le sommet d'une vieille montagne ou le Balzac de Rodin, rosi par le temps, tordu par l'invective, arrondi pour le paternel et le goguenard. Et puis des avant-bras qu'il jette en avant comme des chars sur les pentes d'Abbeville, comme une épée aux pieds de César, et qu'il lui arrive aussi d'agiter pour les foules, sémaphore indépendant d'une partie de lui-même, branché sur le de Gaulle épris de la nation — le petit

peuple, les *braves gens* — quand médite sobrement le de Gaulle anxieux de l'avenir de l'État, face à l'*étranger*, face aux *intermédiaires* [17].

Certes la personnalité de de Gaulle existait sans le truchement de la TV. Mais avec la télévision, quelle alchimie ! Les concepts abstraits reculent, les grandes idées s'effacent au bénéfice des formules et de l'énorme vibration du corps. *Le médium a promu le ground au rang de donneur de sens*. Le médium a exalté le *ground* comme apparition de l'âme. Le médium a suscité un type de communication qui s'appelle participation au *ground*. Désormais, on peut comprendre l'insistance de Kundera : le *ground* est bien autre chose qu'un arrière-plan formel, il est le fondement. Il est ce sans quoi la figure n'a ni réalité ni sens. Il est le père fondateur, à la fois terre et environnement. Le mot *photographie* (écrire avec la lumière) indique bien le rôle fondateur du *ground*. La photo, c'est d'abord une terre, c'est-à-dire un certain support papier au grain plus ou moins fin, à la sensibilité plus ou moins grande, c'est ensuite un effet de lumière qui créera en quelque sorte le sens de la figure.

On touche ici à la justification ultime du terme de *ground*. Si cette notion a tant d'importance, c'est qu'elle traduit l'essence du message audiovisuel : non pas un concept mais un corps. Non des idées mais des impacts sensoriels. Le message est dans le corps. L'âme se voit dans les yeux. La personnalité s'entend dans le ton de la voix. Le propre de l'électronique ? Rien d'autre que d'étendre, amplifier, accentuer ce message qui est corps.

Autre aspect à considérer dans le rapport *ground-figure*, celui d'inconscient, de sous-jacent. *Ground-figure* désignent des réalités subjectives à 60%. Le *ground, c'est ce qui hic et nunc, pour une personne donnée, se trouve à l'arrière-plan de sa conscience; la figure, ce qui se trouve à l'avant-plan*. L'exemple de la tactique des pickpockets fera bien saisir le caractère fluent et subjectif de ce rapport. Ceux-ci ne volent jamais ce qui est figure, mais ce qui est *ground*. Dans l'autobus bondé, je suis très attentif à serrer mon portefeuille pour éviter un vol : le portefeuille est figure. Pour le voler, le pickpocket va le faire passer en *ground*. Au moment où je descends du bus, je ressens un violent coup de coude. Le choc sur mon corps devient alors figure et le portefeuille passe à l'état de *ground*. C'est alors que le pickpocket le vole.

Analysons :

— Dans un premier temps, le voleur devine mon anxiété et ma vigilance. Il *me photographie*, attentif à mon portefeuille. Pas question de me voler dans cet état. Il doit détruire ce rapport *ground-figure*, c'est-à-dire cet état de mon corps et de mon esprit, cette allure physique préoccupée de mon argent.

— Dans un deuxième temps, coup de coude. Le voleur détruit l'ancien rapport *ground-figure* et en crée un nouveau où je me détache de ma vigilance (figure ancienne) et prends comme figure celui qui me bouscule. C'est alors un autre homme qu'on peut photographier. Figure et *ground* ont changé... Ma poche se *décoince*, le voleur prend mon porte-feuille.

De cet exemple, il ressort que :
– *ground* et figure désignent des réalités subjectives. Elles peuvent varier d'un instant à l'autre, passer d'avant en arrière-plan ;
– le *ground* désigne toujours un rapport à la figure, rapport adéquat ou inadéquat. Il sera dit adéquat quand il amplifie, exalte la figure qui est à l'avant-plan de ma conscience, quand il lui donne de la vibration, de la vie, de l'âme ;
– enfin, le *ground* est toujours du côté du corps et de l'inconscient ; la figure, toujours du côté du mental et du conscient.

Concepts originaux et difficiles à saisir car ils ne traduisent pas seulement des réalités matérielles mais des perceptions de la réalité et des rapports de la réalité aux personnes. Ainsi expriment-ils cet autre génie du langage des médias : la communication entre les personnes plutôt que la définition des réalités en soi. La figure, c'est ce que le public veut voir et pas seulement l'exactitude des choses. C'est ce qu'il veut sentir pour son plaisir et son accomplissement et pas seulement ce que, moi, je sens. Les informations au moment de la guerre du Golfe (1990-91) ont fourni une bonne illustration de ce rapport difficile entre la réalité, les journalistes et les récepteurs : information minimale (figure), émotion maximale, bruits de skuds et destructions (*ground*), quitte à passer plusieurs fois une photo d'archive montrant un oiseau englué dans une vieille marée noire de l'Atlantique.

De l'importance du *ground*

La grande firme japonaise NHK a fait paraître, dans les années 90, une série de programmes intitulés *Eye experience* (expérience visuelle). Qui eût imaginé qu'on achèterait fort cher de telles productions dans lesquelles rien, strictement rien, ne se passe, ni information, ni histoire, ni enseignement ? Que voit-on, en effet, dans ces vidéos ? De l'eau qui coule pendant une demi-heure, la même eau, du même endroit. Ou encore, pendant une demi-heure, un cerisier en fleur. L'angle de vue ne change même pas. On a simplement raccourci sur une trentaine de minutes la vision qu'on pourrait avoir d'un cerisier ou d'un courant d'eau si on les regardait pendant une journée complète. Seuls changent la lumière et le vent. Quelle en est l'idée ? Celle-ci : avoir chez soi, dans ses quatre murs de béton, un arrière-plan de nature. Adjoindre à son environnement non une figure de plus mais un *ground* modificateur. Faire pénétrer dans son corps une sensibilité agréable. C'est du côté de la sensorialité, du subconscient que nous devons chercher le succès de ces programmes. Ils expriment le *ras-le-bol* des informations au sens de contenus intellectuels et la recherche d'information au sens étymologique d'*in-formation*, c'est-à-dire recevoir un message qui met *en-forme*.

Par le ground
— je ne pense pas, je sens.
— je ne raisonne pas, je suis touché dans mon corps ;
— je ne domine pas, je suis impressionné ;
— je ne regarde pas, je suis vu ;
— je ne discute pas, j'atteins la substance des choses ;
— je ne suis pas embarqué sur une ligne, je suis mis dans une ambiance.

Dans l'univers des médias, entre *ground*, médium et modulation, il y a une passerelle, sinon une sorte d'équivalence. Le médium, c'est l'ensemble des infrastructures qui me conditionne, c'est le milieu qui m'affecte sensoriellement. La modulation, c'est — en termes électroniques — la vibration qui touche mes sens. Quant au *ground*, c'est ce qui, dans une image ou dans un son, représente l'aspect physique, corporel, sensible du message. Dans les trois termes, on retrouve les aspects majeurs d'environnement, de corps et de sensibilité. C'est par le *ground* qu'on sent, c'est par la représentation qu'on pense.

Ajoutons ceci : à force d'être sous effet de modulation par la TV, la radio et les affiches, on en vient à chercher de plus en plus la vibration pour elle-même. A moins de faire un effort, on supporte de moins en moins un discours sans émotion, une marchandise sans présentation, une image noir et blanc. Que le *ground* soit une manipulation de la figure, c'est bien clair, mais c'est précisément cette manipulation que le public recherche, c'est-à-dire ce cœfficient vibratoire qui l'entoure d'un halo. Au sommet de cette pente, *Eye experience* des Japonais. Ou encore, ces immenses tableaux qu'on trouve dans les galeries modernes, pure modulation de grains et de couleurs. *Le ground n'est pas une pensée, il est une tentation.*

Les *grounds* les plus déterminants

Quiconque travaille dans l'éducation, le commerce et — à fortiori — dans les médias, doit se poser la question de l'influence des environnements et des arrière-plans qu'il propose. Quels sont les *grounds* les plus influents sur l'être humain : lumière, climat, son, odeurs ? Comment agissent-ils ? La réponse dépend de la personnalité des sujets. Une femme n'est pas influençable de la même manière qu'un homme, un enfant qu'un vieillard, un flegmatique qu'un nerveux, un Asiatique qu'un Latin. Elle dépend aussi de la nature des médias : au cinéma, l'image est en général plus influente que le son. Bref, mille facteurs entrent en jeu qui nous obligent à une réponse prudente et nuancée. Toutefois, l'expérience et la réflexion nous conduisent à quelques constats et principes généraux.

Comme pour les éléments du mixage, volontiers j'avancerais que l'ordre d'influence des différents *grounds* rejoint l'ordre des facteurs qui ont présidé à notre première croissance comme être humain. D'abord, le lieu, la structure spatiale. Puis le rythme lié au temps de la respiration. Viendrait ensuite le son : voix, mélodie, musique, bruits. Enfin, la lumière.

De ces facteurs, je dirais qu'ils sont primaires, au sens de fondateurs, laissant une place restreinte à la distance de la liberté. Non qu'ils tuent l'esprit, mais ils le contraignent. Ces *grounds* — quand ils sont forts — demandent obéissance. Non seulement, ils nous façonnent mais, de quelque façon, ils nous font plier. On peut réagir contre les murs d'une prison mais il est impossible d'échapper à leur loi. Les réalisateurs et gens de médias connaissent ces lois de *ground*. Ils en usent, non pour les avoir apprises dans un livre, mais pour les avoir toujours présentes en leur corps. Le vrombissement des hélicoptères au-dessus d'une pièce surchauffée au Viêt-nam, c'est dans la peau de Francis Coppola, c'est l'anti-musique, c'est l'anti-sein maternel et nous, spectateurs, nous attrapons l'angoisse par cette violence et accumulation des facteurs primaires. Pourquoi cette influence ? Parce que ces *grounds sont corps greffé sur mon corps.*

Le lieu

Pour exister, au départ, il faut un nid. C'est-à-dire un sol et un entourage. Une terre-mère qui soit à la fois sécurité, protection et direction. Dans les médias, comme dans toute entreprise, le lieu est premier. Le *qui suis-je?* vient après le *où suis-je?* C'est dans un lieu et par un lieu qu'on devient. La terre — entendons par là la structure spatiale — est notre première détermination. N'est-il pas significatif de constater que les grands crus de vin ne dépendent pas d'abord du cépage, mais du terrain ? C'est ici que le mot *ground* prend son sens le plus fort : le *ground* est le *terrain constitutif de l'être*. Pour un homme de médias, nombreuses sont les conséquences qui découlent de cet énoncé. Ainsi, à titre d'exemple :
— avant toute production, se demander où elle sera projetée et dans quelles conditions. Avant de faire une affiche, se demander où elle sera vue ;
— avant toute réalisation, le repérage des lieux. Les gens de télévision connaissent bien ce rite du repérage : quelle lumière ? Quel emplacement pour les caméras, quel accueil, etc ? Outre ces nécessités techniques, le réalisateur devra, quant à lui, s'imprégner des lieux : quelle ambiance ? Quelle musique sort de là ? Quelle teinte de lumière et de couleur ? Quel sentiment, quel rythme du corps ? Car le lieu, c'est l'atmosphère. Personnages et dialogues devront émaner de cette atmosphère, tout comme les escargots sortent de terre les jours de pluie ;
— le paysage, le décor, la structure précèdent le gros plan : on va des murs à l'intérieur ;
— la prise de son devra restituer le lieu, cette sorte de réverbération particulière qui conduit, inconsciemment, l'imaginaire des auditeurs en une place précise pour s'installer et suivre. Il y eut un temps où les prises de son de l'orgue s'effectuaient avec des micros très proches de l'instrument. Inadmissible pour les grands orgues : ceux-ci demandent l'atmosphère cathédrale. Le chœur, les voûtes, la nef et le transept sont le corps

de l'orgue. Le souffle qui passe dans les tuyaux de l'orgue doit vibrer sur les murs qui sont sa peau.

Le rythme

Indissociable du son et de l'image, il mérite cependant une attention particulière. De tous les *grounds*, il est celui qui semble le plus immédiatement et le plus fortement contraignant. Directement lié à la respiration et aux battements du cœur, le rythme exprime le mode de vie. Le rythme du manager — tôt levé le matin, jogging, voiture, téléphones, dix choses à la fois — n'a rien à voir avec le rythme du moine tibétain en haut sur sa montagne. Le film de R. Depardon *La captive du désert* donne un exemple extrême de l'impact du rythme : une caravane qui n'en finit pas de passer devant vous, sur l'immense désert rectiligne, de gauche à droite : plans éloignés, plans rapprochés, coucher de soleil, nuit, lever de soleil, et ce bruit de pas monotone, interminable, des gens et des chameaux qui passent. C'est l'anti-film électronique, l'anti-disco, l'anti-rythme de la rue que je viens de quitter pour entrer au cinéma. Cette lenteur m'énerve, me brise. Ca ne va pas durer deux heures, non ? Ca durera 1h38 ! Après le moment de protestation, comme Sandrine Bonnaire, la captive, j'entrerai dans la loi du désert. Inutile d'essayer de se sauver, les dunes interminables et le soleil sont les plus forts. Un moment, mon style de vie a été modifié. Rien ne conteste aussi brutalement que le changement de rythme : rien ne stimule autant que l'accélération des battements de cœur.

Le son

L'importance du sonore a été maintes fois soulignée. On saura remarquer que le son rejoint le *ground* n° 1 en tant qu'il crée le lieu, la situation dans l'imaginaire des auditeurs. Son impact varie selon ses formes. Quand il est bruitage et voix, le son est sans doute — de tous les facteurs — celui qu'on peut le moins modifier. On peut, certes, créer artificiellement le bruitage de la pluie d'orage avec du sable sur une trémie, mais — matériellement — la reproduction se doit d'être exacte en termes de modulation et de rythme. Quant à la voix, elle donne sans doute le meilleur indice de la vérité du discours. Paul Ekman dans son étude sur *Menteurs et mensonges* en souligne l'importance :

> La plupart des gens sont persuadés que le son de la voix dit exactement quelle émotion est ressentie... Généralement, les menteurs essaient de contrôler leurs paroles et leur visage... plutôt que leur voix et leur corps... Le signe vocal transmettant le plus d'information sur l'émotion est la hauteur de la voix. Dans 70% des cas étudiés, le ton est plus aigu quand le sujet est ému... (surtout par) la peur ou la colère. [18]

La lumière

Si indispensable soit-elle, la lumière est apparue dans notre vie, un long temps après notre conception. Naître, c'est sortir du premier environnement et voir la lumière. Avec elle, nous sommes entrés dans le monde des apparences. Dirons-nous que la lumière est le *ground* le plus artificiel, le plus facile à utiliser et à trafiquer pour produire des effets ? Sans doute. N'est-elle pas aussi intimement liée aux technologies électroniques, la plus soumise aux inventions humaines ? La lumière est le facteur le plus adéquat pour la définition des choses, la pensée et l'éveil psychique. On a remarqué qu'avec la baisse du soleil à l'automne, nombre de personnes amorcent une sorte de dépression qui culminera au temps des nuits les plus longues : des traitements ont été mis au point pour soumettre de telles personnes à des séances de forte irradiation de lumière artificielle et les résultats apparaissent remarquables. Une telle expérience montre bien l'impact de la lumière sur le psychique. Dans la nouvelle télévision, comme au cinéma, on cesse aujourd'hui de travailler en pleine lumière plate. Les jeux de clair-obscur, des contrastes, des dégradés conduisent mieux aux entremêlements de la pensée et du sentiment, aux passages de la dépression à l'accomplissement.

Si la lumière a tant d'impact aujourd'hui, c'est en raison de l'énorme essor technologique qui bouleverse sa production et ses applications. L'électronique bouleverse la lumière créatrice d'images. Comment ne pas évoquer ici les mutations qui vont rapidement modifier nos perceptions ? En 1990, la moyenne de pixels pour une image camescope est d'environ 400.000 et, pour une image de film, 6 millions. La télévision haute définition passant de 525 ou 625 lignes à 1050 — 1250 lignes va bouleverser la luminosité de nos écrans : les théories de McLuhan sur le médium chaud (à haute définition) et le médium froid ne seront même plus à discuter, tant la lumière éclairera l'image d'hier !

Le corps

Mention particulière doit être faite à ce *ground* complexe qu'est le corps humain, à la fois espace et rythme, son et lumière et quelque chose en plus qui est le geste, l'animation. Le corps des stars offre un maximum de modulation invitant le public à répondre sensuellement. Et, d'abord, le visage. Sa structure : le grand front de l'inventeur et le nez retroussé de la commère n'échappent pas. Pas étonnant que dans les livres de casting, on choisisse sur photos du visage. Reste que le plus expressif de l'âme, ce sont bien sûr les expressions de ce visage. Les muscles faciaux, lors d'une émotion, se meuvent de façon réflexe, involontaire : « le visage est le miroir de l'âme. » D'où l'importance des gros plans qui rayonnent si bien à la télévision ou qui subjuguent à l'écran de cinéma. Les mouvements du corps, moins significatifs, ont cependant un interêt particulier : ils échappent généralement à celui qui les fait. On se souvient de zoom sur des mains gênées qui se tordent ou sur des pieds qui s'agitent nerveusement.

> Le corps est une source très riche de fuites et d'indices. Contrairement aux expressions du visage ou à l'intonation, la plupart des mouvements du corps ne sont pas reliés directement aux sièges cérébraux de l'émotion. Le contrôle du corps n'est généralement pas difficile. La dissimulation des mouvements du corps devrait être beaucoup plus facile que la dissimulation d'expressions faciales ou d'inflexions de la voix. Mais la plupart du temps, les gens ne prennent pas cette peine [19].

Des stages spécialisés visent à apprendre aux hommes politiques comment se tenir devant le petit écran. L'index pointé en avant : accusation, très mauvais ; les bras ouverts en avant horizontalement, les paumes légèrement tournées vers le haut : ouverture, excellent, etc. On vous montre que les bons gestes sont des gestes coulés, lents et horizontaux ; que les gestes négatifs sont des gestes de rupture avec le reste du corps, saccadés, aigus, rapides et verticaux. Ces apprentissages sont-ils profitables ? Oui, pour inciter à une transformation de son être et de ses relations. Non, pour apprendre à passer directement à la télévision. Il serait guindé celui qui reproduirait les règles apprises. Bien plus, il est de la nature du corps d'exprimer l'âme : en contrecarrant artificiellement son corps, on cache son âme et — du même coup — le message ne passe pas. On est ce qu'on est. Si on découvre en stage que nos gestes sont négatifs, c'est la personnalité toute entière qui doit être mise en question, non de simples mouvements corporels.

Peut-on parler de culture ?

Deux questions se posent : va-t-on considérer le *ground* comme une *valeur positive* de la culture, comme un aspect de la pensée, comme une donnée irremplaçable pour l'accomplissement de l'homme et de la société ? En outre, si nous le reconnaissons comme une valeur, comment *le situer* dans l'ensemble de la culture ? Peut-il être considéré comme un message en soi ou comme un petit bâtard toujours dominé par la déesse figure et subordonné à elle ?

Valeur du ground

La réponse à ces questions demande nuances. Elle nous amène au cœur du débat sur une éventuelle culture médiatique. Il va de soi que le langage du *ground* ne saurait exprimer toute la culture, toute la pensée. Mais ne doit-on pas en dire autant du langage des mots ? Si les idées claires sont liées aux mots — et c'est là leur irremplaçable valeur — la pensée, elle, ne saurait être réduite à ces cadres que sont les mots.

Fort de l'expérience de création audiovisuelle, on peut affirmer qu'en ressentant une situation, en étant totalement disponible à un paysage ou à un interlocuteur, on manifeste une authentique activité de pensée. En quel sens ? Non au sens d'analyse ou de raisonnement, mais au sens où *ça se met à penser en nous*. L'ouverture des sens à la réalité telle qu'on la pratique dans le repérage, la prise de vue ou de son est, à n'en pas douter, une activité de l'esprit, activité intentionnelle de sensation et de disponibilité intellectuelle. Or c'est dans cette sorte de creux, sinon de vide, qu'on peut expérimenter que *çà pense en nous* : des images, des sons, des airs de chanson, des souvenirs de mots montent en quelque sorte du fond de nous, s'entremêlent et peuvent aboutir, par instants, à quelque formulation précaire. J'appellerais volontiers cette phase, phase de l'*élan de la pensée*. Cette forme d'élan ne saurait être ramenée à une simple préparation de la pensée : elle est la pensée en ce qu'elle a de plus riche, à savoir la création. C'est la pensée en tant qu'inspiration et mouvement. Grâce à son souffle et à ses déterminations, l'œuvre finale pourra prendre forme. L'apparition des mots précis, de la phrase structurée et de l'idée claire viendront après, et parfois longtemps après. C'est là une autre phase, une autre forme de la pensée. Ce n'est pas toute la pensée.

Tel est le fruit de la pratique des médias : on prend conscience d'un autre type de pensée et on l'accrédite. Une pensée qui se tient à mi-chemin entre l'intuition et l'image, entre la rêverie et l'émotion, entre le mouvement de l'esprit et la volonté. N'en est-il pas souvent ainsi de la *pensée d'amour* ? Et de la pensée des populations dites pauvres qui n'ont pas encore le pouvoir des mots et des structures. Tandis que la pensée liée aux mots découpe et structure les réalités, la pensée symbolique liée au *ground* crée l'unité des êtres et des choses. Elle fait apparaître en même temps les *universelles correspondances* et les directions fondamentales qui nous animent dans l'univers. Cette pensée qui marche par secousses et par éclairs, qui s'étale et brusquement se saisit, n'en est pas moins une pensée indispensable à la création comme à l'âme et à l'action.

Place du ground dans la pensée

La pensée qui naît du *ground* peut-elle suffire à une culture pleinement humaine ? La tentation littéraire serait de la réduire à un chemin. Le message serait alors l'idée claire exprimée par les mots et le *ground*, un moyen de la présenter. Nous refuserons une telle conception. Dans la ligne de la télévision et des médias, le message c'est le rayonnement d'une personne produisant effet sur des récepteurs. Ce message s'exprime de deux manières principales, en *ground* et en figure. Ces deux manières sont autonomes, capables dans une certaine mesure de développer l'être humain indépendamment l'une de l'autre. Elles ne sont donc pas subordonnées l'une à l'autre, chacune a sa valeur propre et son message. Néanmoins, quoique distinctes, elles ne sont pas séparables. S'en tenir à une pensée liée à l'arrière-plan, c'est s'enliser. Qui trop s'immergerait perdrait la distance du jugement [20]. En revanche, s'en tenir à une pensée liée à la figure, aux mots, c'est risquer le dessèchement, la prétention et l'isolement hors de la totalité humaine et cosmique.

Il en est de la culture comme du cerveau : le langage de l'imaginaire, quoique distinct et régi par des lois propres, ne peut être séparé du langage de la conscience. Les deux langages sont complémentaires. On ne peut dire arrière-plan sans avant-plan.

Quelle culture ?

Quels sont les caractères majeurs d'une culture principalement liée au *ground* ? Les mentionner nous fait réfléchir. Comment ne pas remarquer en effet, dans cette description, les caractères dominants des pays dits sous-développés et, en même temps, les traits de la culture du *new age* des années 90 ?

C'est une culture où le *désir*, voire le cœur, sont plus importants que les idées. Ici, rêver est essentiel.

C'est une culture où *l'action, le comportement* sont plus importants que les mots. Ici, être ensemble et faire sont plus importants que discuter.

C'est une culture qui a de *la mémoire*. Le *ground*, on le sait dans la pratique audiovisuelle, est un élément stable. Quand la séquence d'un film nous a plongés dans l'ambiance de l'hiver, quand la musique et les paysages ont refroidi nos sens, il nous faut quelque temps pour passer au grand soleil de juillet. On peut sauter d'une idée à l'autre, pas d'un *ground* à l'autre. Nos sens gardent des traces, nos émotions creusent des sillons dans notre système nerveux : une culture à dominante d'images et de sons est une culture qui dure.

C'est une culture soucieuse *d'environnement et de nature*. Le *ground* donne la sensibilité des choses de la terre. Il prône les valeurs d'appartenance, de participation. L'écologie, certes, mais aussi l'aménagement des villes.

C'est une culture de la *gestation*. Et donc de la patience et de l'attente dirigée vers une réalité qui doit apparaître. Considéré par rapport à la figure, le *ground* prépare, induit, accouche. Toute grande figure naît d'un grand *ground*. Si, dans un poster, on met trop d'images, trop de textes, plus rien n'apparaît. L'art du graphiste est de faire émerger le texte d'un espace blanc. L'art politique, celui de faire émerger le chef de la gestation de la foule. Aux fêtes de l'Indépendance à New-Delhi, un million d'Indiens, refoulés derrière les barricades, attendent depuis 5 heures du matin l'apparition d'Indira Gandhi. Soudain, vers 10 heures, la femme passe, debout dans la voiture, vêtue du sari orange, la main levée : quelques instants d'apparition de la figure. Et je me demande : que serait cette femme sans son *ground* attendant dans la poussière des heures durant ? Aux étudiants, nous donnons ce conseil : si dans un espace donné, vous mettez trop de choses (textes, formes, etc.) plus rien ne ressort. Mettez du blanc. Faites enfanter la figure.

C'est une culture de *l'inspiration*. Elle développe un au-delà des connaissances objectives. Par son silence, le *ground* nous incite à dire nous-mêmes la parole. Si on y est convenablement préparé, il nous conduit à écouter nos voix intimes, notre instinct intérieur. Au contraire, les connaissances objectives, en nous tirant vers la clarté des idées risquent d'occulter les images floues, les pulsions et même les nécessités spirituelles qui sont le propre de l'être humain. C'est dans la chaleur de la rue, dans l'écoute solitaire de la musique que le réalisateur trouvera soudain cette inspiration qui naît d'une brusque attraction entre ce qu'il veut dire et ce qu'il sent au fond de lui. Nul ne peut voir son image sans quelque miroir. Nul ne peut entendre sa parole sans *ground*.

Les lois du *ground*

Une réflexion générale sur la politique et la pédagogie tout autant que sur la pratique audiovisuelle nous font apparaître un certain nombre de lois qui se réfèrent à la distinction du *ground* et de la figure. En voici quelques-unes, sans ordre, ni prétention : elles aideront à saisir le rôle et l'importance de l'arrière-plan.

Loi de composition

Trop de figures, pas de figure. Quand il y a trop de figures, par exemple trop de détails importants, trop d'informations notionnelles dans un poster, il n'y a plus ni détail, ni information. Quand il y a trop d'avant-plan, il n'y a plus d'avant-plan: tout devient confus.

Loi d'émergence

Quand le *ground* est bien posé, la figure émerge d'elle-même. Il est une tentation qui contient la figure en filigrane.

Loi de cohérence

Entre *ground* et figure, il doit y avoir unité de sens et d'effet.

Loi du temps

On peut passer aisément d'une figure à l'autre, d'une idée à l'autre. Il faut du temps pour passer d'un *ground* à l'autre, de la nuit au jour, de l'hiver à l'été. Parce que le *ground* affecte le corps, on doit respecter les rythmes de la sensibilité.

Loi du chaud et froid

Plus un *ground* est chaud, c'est-à-dire parfait, saturé et bien défini, plus l'ensemble *ground-figure* doit être parfait. Ainsi, sur un mur très blanc, on voit la moindre tache ; en revanche, sur un mur poussiéreux, la tache passe inaperçue.

Loi de dérangement

La composition *ground-figure* est un ensemble cohérent et délicat. Il suffit d'un détail ou d'un incident pour tout renverser. Ainsi, durant un cours où tout le monde est attentif au professeur, un crayon qui tombe peut inverser complètement le rapport *ground-figure*. Idem dans un tableau : le détail insolite.

Loi de politique

Si tu veux changer une situation bien établie, n'attaque pas la figure mais le *ground*. Ne tue pas le président, déstabilise la société, change les lieux.

Conseils aux débutants

Déconditionnez vos perceptions

Essayez de vous débarrasser, pour un temps, des souvenirs qui marquent vos perceptions. Efforcez-vous de percevoir la terre avec des sensations neuves. Cet effort se révèle d'autant plus important que nous avançons en âge. D'année en année, en effet, nos perceptions s'embuent de souvenirs à tel point qu'elles deviennent comme préfabriquées et figées. Ne disons-nous pas spontanément : « ce matin, il fait mauvais, il pleut. » Ainsi, nous avons lié la pluie à une sensation déplaisante que nous disons mauvaise. *Décoincez* votre perception de la pluie. Efforcez-vous de ressentir les réalités telles qu'elles produisent directement effet sur vous. Dans les groupes et les entreprises, on pratique couramment le *brain storming* : entre vous, faites du *perception storming*. Reconsidérez la manière dont vous ressentez les choses en contestant les affects de vos sensations et en écoutant comment les autres ressentent. Telle est la condition pour que le *ground* reprenne toute sa valeur dans le message : en effet, s'il a perdu de son importance, c'est qu'on s'y est habitué. Il fait partie de nos perceptions préfabriquées : nous sommes en lui comme le poisson dans l'eau. Si les expériences d'immersion en des lieux nouveaux et forts sont si importantes, c'est qu'elles renouvellent la perception du *ground*. Nombre d'artistes et de créateurs l'ont compris : en changeant de pays, ils bouleversent leurs perceptions ; en réactivant l'impact de l'arrière-plan, ils retrouvent l'inspiration.

De quoi se déconditionner ?

Dans l'approche scientifique, on demande : qu'est-ce que c'est ? Dans l'approche audiovisuelle, on demande : quelle audience ? Dans l'approche littéraire, on demande quelle est l'idée ? Quel est le mot juste ? Quelle est la logique ? Dans l'approche médiatique, on demande : quel drame ? Quel lieu ? Quelle atmosphère ? Quelle image ? Rien n'a marqué aussi profondément nos perceptions que ces approches littéraires, objectives, voires scientifiques, qui nous furent enseignées et qui ont dominé notre culture. Il ne nous est pas demandé de faire *table rase*, mais seulement de *décoincer*, c'est-à-dire d'échapper à une emprise aliénante.

C'est la culture dite de Gutenberg qui est la plus antithétique de la culture médiatique. Précisément parce qu'elle est une culture centrée sur la figure. En tant qu'intellectuel, ce sont les idées claires, les mots justes et les enchaînements qui me préoccupent. Voilà ce qui est à l'avant-plan de ma conscience et dont on m'a appris à discuter. Qui m'a jamais parlé à l'école du graphisme des lettres et de la texture du papier ? Toute autre est l'approche commerciale. Les gens d'entreprise, comme ceux des médias, savent que le papier, la présentation, le terrain est au moins aussi important que les idées claires. Pas question de renoncer à la culture gréco-latine, à cette *ratio* que Milan Kundera opposait au *grund* ! Seulement ouvrir, compléter, mettre un autre programme dans la machine. La formule de nos philosophes littéraires serait : de l'idée claire à l'illustration. La formule des gens de médias sera : du *ground* à la figure, du repérage au tournage. Pourra-t-on jouer d'une formule à l'autre ?

Reconditionnez vos perceptions par les techniques électroniques

Hier vous avez conditionné vos perceptions par l'alphabet grec. Aujourd'hui, reconditionnez-les par la pratique plus sensorielle des instruments audiovisuels. Tant que la caméra sera pour vous un simple moyen de filmer, tant que le micro ne sera qu'un outil dont vous vous servez pour capter des sons, vous ferez du mauvais travail. Caméra, micro, table de mixage doivent peu à peu se greffer sur vos sens pour les qualifier, les modifier, les amplifier. La révolution médiatique est avant tout une révolution des perceptions. Qu'on ne dise pas : la greffe électronique est déshumanisante. Elle peut, au contraire, affiner vos perceptions. A force de pratiquer la photo, j'ai appris à apprécier les teintes bleues et jaunes de la lumière : la pellicule en effet me renvoyait crûment mes erreurs d'appréciation. A force d'utiliser la caméra, j'ai appris à cadrer, c'est-à-dire à choisir et à distinguer. A force d'utiliser le casque, mes oreilles ont appris à ressentir des nuances sonores que je ne percevais même pas auparavant.

Le médium électronique doit être considéré ici comme une occasion de renouveler notre saisie du *ground*. Il dépend de nous que la greffe des techniques électroniques sur nos sens serve à les qualifier, non à les anesthésier. Par la conscience et un apprentissage correct, nous pouvons élargir la dimension de notre corps et appréhender les réalités avec plus de qualité.

Donnez au ground un maximum d'importance

Délivrer un message audiovisuel, c'est produire un effet qui donne sens à un public. Pour produire cet effet significatif, portez d'abord votre effort sur le *ground*. C'est lui qui motive. C'est lui qui détermine le mieux la relation. C'est lui qui ouvre le chemin de la compréhension. C'est lui qui fait participer.

Le rôle spécifique de la personne humaine et, à fortiori, du réalisateur audiovisuel, consiste à agencer correctement le rapport *ground-figure*. Par elle-même, la technique n'agence pas : elle met tout à plat. Soit une conversation entre huit personnes autour d'une table. Un micro omnidirectionnel est suspendu au-dessus, au centre de la table. Plusieurs personnes parlent souvent en même temps. Cependant, malgré la confusion, chacun perçoit assez clairement ce que lui dit son interlocuteur grâce à une sélection inconsciemment opérée par le cerveau, lequel refoule le brouhaha à l'arrière de la conscience. Par la suite, audition de la bande et stupéfaction ! Alors qu'on se comprenait autour de la table, maintenant on ne comprend plus rien. L'explication est évidente : on a pris le micro pour un cerveau. Il a bien évidemment joué un certain rôle de filtre des graves et des aigus, mais il n'a jamais pu faire l'acte intelligent de choisir, dans l'ensemble de la conversation, ce qui devait être à l'avant ou à l'arrière-plan. On sait ce qu'il aurait fallu : 8 micros et une table de mixage manipulée par un preneur de son, ce dernier faisant émerger, tour à tour, les éléments qu'il juge dignes d'intérêt.

La tâche de l'homme des médias est claire : il fera, avec son art et sa technique, ce que le cerveau faisait spontanément pour comprendre les réalités. Il devra choisir *ground* et figure. Il devra déterminer ce qui est à mettre devant et derrière. Mais il ne s'arrêtera pas là. Grâce à la technologie, grâce aux ressources du médium, il manipulera les éléments du *ground* de telle manière qu'ils parlent et que la figure en sorte rehaussée. Il ajoutera de la lumière, il changera l'environnement, il contrastera les plans, il amplifiera certaines lignes au grand angle. Dès lors, si le réalisateur a fait correctement son travail, le public recevra un double message : celui de la figure qui s'adresse plutôt à son intelligence, celui du *ground* qui s'adresse plutôt à son corps.

Quel meilleur exemple de l'importance donnée au *ground* que les photos de Karsh, un des grands photographes de ce siècle [21]. Une photo, c'était avant tout pour lui un savant jeu de lumière sur le visage, la mise en valeur des objets significatifs, la saisie du geste-clé. C'était, enfin, le cadrage du lieu et la découverte de la situation la plus suggestive. Pablo Casals sera photographié assis, de dos, le crâne brillant face à un grand mur monastique presque noir ; tout en haut, à droite, un brin de lumière s'échappe d'un pan de fenêtre : le maître solitaire joue. A peine voit-on le sommet du violoncelle. Pablo Casals était un exilé face à l'au-delà.

La pratique de la modulation et l'attention au *ground*, lentement, m'ont ouvert l'esprit. En tant qu'homme de la culture classique, je parlais volontiers en termes de contenant et de contenu. Je disais : peu importe l'emballage pourvu que le contenu soit bon. Aujourd'hui, en tant qu'homme de médias, ces termes m'apparaissent inadéquats : ils ne rendent compte, ni du message, ni de la réalité des choses. Désormais, ce sont les termes de *ground* et de figure qui me semblent convenir. Pourquoi ? Par la pratique, j'ai compris que la réalité ne pouvait se réduire à la chose matérielle, ni le message à l'idée claire. La réalité est aussi un corps ; le message, un rapport des faits au public.

Modulation et *ground* sont les deux concepts fondamentaux pour comprendre le langage audiovisuel.

III

Dramatiser

Après avoir placé l'émotion comme première clé pour entrer dans le langage et la culture audiovisuels, je situerais volontiers, en second, la dramatisation.

Comment expliquer que la série de télévision américaine *Dallas* ait pu obtenir jusqu'à 94% de cote d'écoute en Afrique du Nord, dans un pays comme l'Algérie ? Je pense qu'un tel succès est principalement dû à un art consommé de la dramatisation : toutes les 1 minute 1/2, se déroule un petit drame autour d'un pivot central, une banale histoire de famille. Certes, bien d'autres ingrédients contribuent à la réussite de ce genre de séries, notamment le jeu des acteurs, le thème archétypal des relations de famille et de clan. Mais, sans dramatisation, ces ingrédients deviennent insignifiants. Ce n'est pas sans raison que, dans de nombreux pays, de telles séries s'appellent, tout simplement, des dramatiques. Qu'est-ce donc qu'une dramatique ? Un mélange inextricable de mise en scène théâtrale et de langage familier, de tragédie et de burlesque, mais avant tout, c'est un précipité d'émotion et d'action.

La dramatisation est fille de l'émotion : elle en est la première expression, la première mise en forme. Dramatiser, c'est condenser l'émotion dans une tension, puis la libérer brusquement. En ce sens, le sexe, la drogue, la violence sont des actes dramatiques, tout comme les gros titres à la une des journaux.

Pourquoi la dramatisation ?

Est-elle un phénomène caractéristique des médias électroniques ou la tonalité générale de toute communication ?

Je pense que toute communication visant à susciter l'interêt des auditeurs se doit d'être dramatique. La raison fondamentale de la dramatisation est l'intérêt, ressort vieux comme le monde. Si le public est passionné par un sujet en raison de désirs ou de convictions intimes, nul besoin de dramatiser. Mais si une Radio veut vendre ses programmes à un nombre toujours croissant d'auditeurs, elle devra dramatiser. Dramatiser pour que l'employée de maison fasse les chambres avec son transistor branché sur le même programme. Dramatiser pour qu'on écoute les informations sur telle chaîne plutôt que telle autre. «Nous n'avons qu'un but, me disait le directeur d'une grande Radio, c'est de battre l'autre grande Radio.» Alors, dramatisons! Parler ainsi, ce n'est qu'édicter la vieille loi du théâtre grec!

Que dramatisation et intérêt des auditeurs soient naturellement liés, nul doute. Ajoutons-y le stimulant électronique. Tel le stimulant cardiaque qui accélère et renforce les battements du cœur, il accentue l'intérêt en lui-même: on s'intéresse à être intéressé. Durant la guerre du Golfe, un article dans Télérama (n° 2143, 20/02/91) titre: «TF1: nourrir le suspense». Comprenons: l'amplification, la chaleur, la tension que l'onde médiatique porte aux événements non seulement nous *suspend* mais aussi nous donne le goût de vivre de suspense.

Le noyau central de la dramatisation

Par *dramatisation, on entend un traitement particulier du langage qui a pour but de provoquer, chez les récepteurs, une tension émotionnelle suivie de relâchement.* Ce passage de la tension au relâchement constitue le ressort principal du plaisir. Le lien est le suivant: de la dramatisation au plaisir, du plaisir à l'intérêt. Quel est donc ce traitement particulier que l'on fait subir à un discours pour le dramatiser?

Le processus de la dramatisation est directement inverse de celui de la relativisation. On relativise en aplatissant. On dramatise en érigeant. Dramatisation? Je choisis une banale aspérité de peau d'orange, je la grossis jusqu'à en faire une montagne. Choix et *érection* sont au cœur de la dramatisation.

Le premier acte de la dramatisation est un choix. Choix d'un point particulier dans un ensemble. Une fois mis à part, ce point va être poussé en avant, habillé, traité. Mais on ne dramatise pas n'importe quoi, au hasard. Comment, et par qui, s'opère donc ce choix? Les grands journalistes ont ce don précisément de déceler la petite aspérité au travers de mille autres, le fait bien sanglant, suffisamment mystérieux, impliquant des personnalités connues, le tout dans un périmètre familier aux lecteurs. Ce choix, on l'aura deviné, s'effectue fondamentalement en fonction des intérêts supposés des lecteurs. S'il va *piquer*, ce n'est pas qu'il soit objectivement plus important, mais c'est qu'il est en quelque sorte attendu, désiré. Il répond en général à des besoins inconscients très profonds, comme le besoin d'être materné, le besoin un peu sadique de vaincre, le besoin nostalgique de retrouver son enfance, le besoin d'être fort et grand dans une ville prestigieuse, etc.

En fait, le point est généralement sélectionné selon deux critères: l'émotion et l'extraordinaire. D'abord, il émeut. Au moment des jeux Olympiques de Séoul, pourquoi la télévision française a-t-elle présenté à plusieurs reprises quelques scènes de bagarre dans les rues, fait en réalité de peu d'importance? Il en est des Jeux de Séoul comme du film *Les dents de la mer*: le public a besoin de ressentir les peurs ancestrales et d'être embarqué dans une grande aventure qui exprime sa propre destinée. Sinon, Séoul est tellement loin! Choisir le fait qui dramatise, c'est choisir ce qui *touche* la sensibilité des spectateurs.

En second lieu, le choix s'opère toujours à partir d'une loi fondamentale du journalisme: n'est information que ce qui est anormal. Pour parler à la télévision, je cherche le sujet choc et le déviant, le *dé-raillement* et le personnage qui sort de l'ordinaire. On ne choisit que *dans le rouge*. L'accident, non les trains qui arrivent à l'heure. L'*in-formation*, c'est ce qui fait pénétrer un corps étranger dans une masse banale, c'est ce qui va la secouer et lui donner une nouvelle forme. En ce sens, toute bonne information est, de soi, dramatique: elle est différence, contraste, opposition.

Il reste maintenant à *ériger* le choix, c'est-à-dire, selon le langage courant, à dramatiser l'information choisie.

Comment on dramatise

On peut souligner cinq procédés classiques de dramatisation, procédés que manient les conteurs depuis le fond des âges:
— le grossissement;
— l'opposition;
— la simplification;
— la déformation
— l'amplification émotionnelle.

Grossissement

Grossissement et opposition sont les deux procédés les plus courants de la sélection et de la différenciation. Dans un champ de tournesols, tous les tournesols sont orientés vers le soleil, excepté l'un d'entre eux. Le déviant! Dès lors, dans la prise de vue, il s'agira de l'ériger, en le prenant par exemple de près au grand angle, puis de l'opposer à tous les autres grâce à un cadrage approprié. Grossissement, effet de loupe. C'est d'abord l'opposition entre le haut et le bas, le grand et le petit. On connaît le vieux thème symbolique analysé par le philosophe Bachelard: toute valorisation est une érection, un surdimensionnement particulièrement en hauteur. Mais nombre d'autres astuces sont utilisées. C'est le titre en caractères gras sur toute la première page du journal: DUR, annonce un quotidien, au lendemain de la publication du budget national. C'est le focus mis par la caméra sur le point central, tout le reste étant flou. C'est l'entourement de blanc ou de silence qu'on donne à la phrase-clé. C'est le choix d'un arrière-plan qui va soutenir, embellir ou contraster.

Dans les films publicitaires, « l'émotion est matériellement impossible à faire passer en 30 secondes, explique J.J. Annaud. Or, c'est elle qui fait la valeur d'un long métrage. » Dès lors, on utilisera essentiellement trois ficelles : le gag, l'esthétisme et les effets spéciaux. Trois manières de distinguer en amplifiant ce qu'on montre.

Opposition

C'est Paul Klee qui a sans doute le mieux montré combien le mouvement, l'intérêt, le drame naissent d'un optimum de distance entre deux points. Un seul point dans une surface, rien ne se passe. Deux points trop éloignés ou rapprochés, rien ne se passe. Il existe une position optimale créant attraction et répulsion. Un metteur en scène est celui qui a le sens des rapports qui dramatisent. La caravane passe sur la piste, un homme, le canon du fusil pointé, est caché derrière une butte de terrain. L'opposition est totale : haut et bas, attention et endormissement, immobilité totale et mouvement, silence et bruit de pas, focus sur un point de l'espace qui correspond à la ligne du fusil.

L'opposition se fera aussi dans l'alternance des séquences calmes et mouvementées ; dans le choix contrasté des informations, passant d'un banal conseil des ministres à une catastrophe aérienne. Dans un film aussi intérieur que *L'Éveil*, de Penny Marshall avec Robert de Niro, film claustré dans quelques murs d'un hôpital, il est intéressant d'étudier comment la dramatisation est soutenue. Certes par le jeu des acteurs mais aussi par ces brusques transitions entre une séquence silencieuse et un violent bruit de clé ouvrant la porte d'une cellule, entre le calme d'un bureau de médecin et les cris délirants d'un malade. A plusieurs reprises, on se prend à sursauter.

En évoquant les guerres, les sports, les fêtes, comment ne pas évoquer ce procédé courant de dramatisation qui consiste à opposer ce qui est et ce qui va arriver. Annoncez l'heure H et tout le monde va coller son oreille au transistor : c'est quand ? Comment ? Un mélange de préparation intense et d'attente de la surprise. C'est l'heure H du débarquement ou de l'offensive terrestre, c'est la fin du match dans une minute, c'est le rush sur le plateau avant les infos de 20 heures, c'est l'annonce du cyclone qui approche, c'est l'attente de l'accouchement, c'est — dans les religions — la venue du Messie et l'annonce de la catastrophe finale. Vous voulez dramatiser ? Mettez une date limite et un événement-surprise.

Simplification

Liée à l'opposition, la simplification. Qui oppose simplifie. Attiré qu'il est par les contraires ou par les semblables, il lamine les nuances. Le système est bien connu : on réduit le conflit à deux aspects facilement reconnaissables et compréhensibles : bon/méchant, pauvre/riche, vrai/faux, fort/faible, gagnant/perdant, pur/impur. Ces caractéristiques sont ensuite attribuées à des personnages différents avec lesquels le spectateur pourra jouer imaginairement.

Ce genre de drame par opposition bien typée, grossissement et simplification, a connu — et connaît toujours — un vif succès, qu'il s'agisse des westerns au cinéma, des dramatiques à la télévision ou encore de ces fameux *drama* radiophoniques en Asie ou en Amérique Latine. Suggestif, à cet égard, est le roman de Vargas Llosa, *La tante Julia et le scribouillard*, mettant en scène un célèbre réalisateur de drames radiophoniques qui font courir tout le pays [22]. Dans son bureau, celui-ci a épinglé un plan de Lima couvert de figures qui caractérisent chaque quartier.

> Cette classification, dit-il, n'est pas scientifique, mais artistique... Ce ne sont pas *tous* les gens qui composent chaque quartier qui m'intéressent, mais les plus voyants, ceux qui donnent à chaque endroit son parfum et sa couleur. Si un personnage est gynécologue, il doit vivre à l'endroit qui correspond à sa profession, et de même s'il est brigadier de gendarmerie... Je suis quelqu'un qui déteste les demi-teintes, l'eau trouble, le café faible. J'aime le oui ou le non, les hommes virils et les femmes féminines, le jour ou la nuit. Dans mes œuvres, il y a toujours des aristocrates ou la plèbe, des prostituées ou des madones. La mésocratie ne m'inspire pas plus moi que mon public.

On remarquera le terme : le public n'est pas inspiré. Seul, ce qui est caractérisé, *salé* inspire le public. Parlant de l'art du portrait, Baudelaire aura ce mot : « Un bon portrait m'apparaît toujours comme une biographie dramatisée. »

La bande dessinée ne saurait être classée directement comme un média électronique. Elle fait partie cependant des mêmes options de langage : elle est le langage de vibration couché sur le papier. A ce titre, aucun média sans doute ne va jouer plus sur la simplification et le grossissement des caractères. Exagérés dans le dessin, souvent taillés à coups de hache, n'allons pas chercher dans les héros de B.D. ces nuances infinies de caractère que fait apparaître l'image cinématographique. Si malins et spirituels soient-ils, les héros de B.D. ne sont pas fins, ils transportent des menhirs. Ils revêtent des signes distinctifs clairs. *Linus*, l'innocent de *Peanuts*, sera toujours affublé de sa couverture. A la limite, la simplification conduira à caractériser les personnages sous les traits d'un animal : *Batman*, c'est l'homme chauve-souris.

Déformation

Agitons ensemble les trois éléments que sont le grossissement, l'opposition, la simplification et l'on obtient la caricature, laquelle — toute blessante qu'elle puisse être pour ceux qui en sont victimes — est une honnête déformation. La grandeur raide de de Gaulle, le nez d'aigle d'Indira Gandhi, le front énorme d'Einstein sont des symboles vrais : on les dramatise en les étirant. L'électronique n'ajoutera rien d'autre à cet art millénaire que l'immédiateté des manipulations. Il est si facile à la télévision de faire apparaître la tête d'animal qui se cache derrière un visage humain !

Ne parlons pas des déformations malhonnêtes, celles qui travestissent le message pour conquérir quelque pouvoir économique ou politique. Cependant, comment ne pas remarquer que toute mise en scène est de quelque manière une déformation. Non au sens de modification anormale ou de défiguration, mais au sens de mise en forme particulière. Toute dramatisation, en contextualisant, en élevant ou en abaissant le ton, en durcissant des traits, en accentuant certaines couleurs, en misant telle image ou tel son, provoque nécessairement une certaine altération de la forme originale.

Amplification émotionnelle

Là encore, citons Vargas Llosa. Pedro Camacho, auteur de dramatiques, faisait enregistrer les acteurs d'un feuilleton dans un studio transformé en lieu sacré. « ...toujours avec son complet noir, son nœud papillon et la chevelure tourbillonnante, (il) les sermonnait...Ce n'était pas des instructions qu'il leur communiquait... mais des considérations esthétiques et philosophiques... Il parlait en gesticulant, et en se dressant, de la voix fanatique de l'homme qui est en possession d'une vérité urgente et doit la propager... (« votre mission »... disait le librettiste-directeur) [23]... »

Pourquoi cette mise en condition des acteurs ? Pour que leur voix, saisie par une ambiance grandiose et quasi sacrée, prenne un accent d'intense profondeur. Pour qu'ils ne soient pas seulement des comédiens, mais des archétypes. *Passionnalisés*, ils vont transmettre la passion qui les brûle. Dans leur voix bouleversée, le public va reconnaître ses propres drames. La faculté d'émouvoir est la condition de l'identification aux personnages.

L'amplification émotionnelle, c'est le cri et le murmure, c'est le porte-voix et le masque, c'est la réverbération des théâtres antiques et des cathédrales. Or, un jour, sur tous ces procédés ou techniques somme toute assez proches de la nature, vint une autre technique : l'électricité et tous ses dérivés électroniques.

Quand « E » arrive

Hier, les rythmes et les enchaînements naturels des jours et des nuits, des temps et des saisons. Le ciel avait réputation de suivre un ordre immuable, constante était l'étoile polaire. Le drame, c'était la foudre, la tempête, l'apparition de quelque comète. Quand le petit dieu Électronique est arrivé, s'insinuant partout, qu'a-t-il donc apporté ? Avant tout, la maîtrise du drame. Nous maîtrisons aujourd'hui les effets d'éclairs, les lumières du jour et de la nuit. Nous reproduisons en studio les bruits de tonnerre et de vent. Sur l'écran de TV, nous faisons vibrer les rayons de lumière, les scintillements et les écrans de fumée. En un mot, le dieu « E » nous a apporté le pouvoir démiurgique et la maîtrise des effets. « E » nous a fait dieu ou Satan. Plus Satan que dieu, peut-être : dans les anciennes traditions, Satan n'était-il pas le prince des lumières ? Ayant entre nos mains la maîtrise, la tentation est grande de dramatiser au-delà des capacités humaines. Où donc nous amène — ou en tout cas, peut nous amener — le cœfficient « E » ?

L'amplification du drame

A l'évidence, l'électronique amplifie — et peut amplifier jusqu'à la démesure — les procédés qui créent l'émotion. La caméra de TV détoure un visage et peut nous le sculpter avec la violence du close-up et du rapprochement intime. L'effet de présence donnée par le walkman et l'ampli est bien supérieur à l'effet de présence d'une voix ou des instruments, seuls dans une salle. Qu'on se souvienne des cris et du visage d'Isabelle Adjani dans le film *Camille Claudel*. Comment pourrions-nous ressentir sensoriellement une telle violence dramatique sur une scène de théâtre dénuée d'amplification électronique ? Ajoutons à cela les stratégies de montage électronique qui vont lier ou opposer, violenter ou adoucir à souhait ! Ainsi, aux procédés d'hier, s'ajoute, en quelque sorte, le contact électrique : ne dira-t-on pas du chanteur au micro qu'il électrise son auditoire ?

La communication électronique, avons-nous dit, se caractérise par un transport de vibrations lumineuses et sonores. D'un côté, le réalisateur sachant les possibilités quasi illimitées de ses machines, tend à en jouer de plus en plus. De l'autre, les spectateurs en demandent toujours plus. Tel est le cercle infernal qui caractérise les médias électroniques : toujours plus fort, toujours plus vite. Dès lors, comme on aime à aimer, on vibre à vibrer. On veut passer intensément et rapidement de la tension à la détente. Le sommet de ce genre, ce sont les thrillers, clips et films d'épouvante. Pour ces derniers, s'est même constitué un festival avec ses démonstrations et ses prix : Avoriaz. Ainsi, les animaux fabuleux et les requins sont sortis de leurs cages (*Les dents de la mer*), les morts ont basculé la pierre de leurs tombes et ils ont dansé dans les rues (le thriller de M. Jackson), des enfants aux yeux globuleux sont nés dans l'espace (*Odyssée 2000*), les planètes de nos rêves se sont entrechoquées (*La guerre des étoiles*), les robots électroniques ont relayé la conscience avec leur bip-bip familier. Grand réveil des dieux, des monstres et des démons qui peuplaient nos vieilles légendes et les chapiteaux de nos cathédrales. L'épouvante et le suspense sont des enfants que la déesse raison avait endormis un temps et que l'ordinateur a réveillés avec une surpuissance jamais vue.

La dérégulation du drame

Un journaliste à qui j'expliquais la dramatisation comme loi des médias électroniques réagit avec vigueur : cette dramatisation ne fut-elle pas déjà la loi des tout premiers journaux, au temps des bougies ? Vrai. Mais avez-vous pris conscience, lui dis-je, du bouleversement apporté au journalisme par le téléphone, le téléscripteur, l'avion, et aujourd'hui par l'informatique ? L'événement à chaud, l'émotion dans la voix, les pleurs et les cris en direct. Certes, l'image a déjà fourni aux journaux un surcroît d'émotion, mais par-dessus tout, n'est-ce pas la contraction du temps qui a déterminé ce surcroît ?

L'électricité, l'électronique ont bouleversé les catégories de temps et d'espace. C'est ce bouleversement lui-même qui accentue et modifie nos émotions. Les rythmes naturels dans lesquels nous vivions inconsciemment depuis des siècles sont perturbés : tout est là sur l'écran de TV, juxtaposé et brutal. Nous n'avons plus ces régulations et ces distances que nous donnaient jadis les rythmes naturels, l'éloignement physique, la réflexion intellectuelle.

Il est un procédé que connaissent bien les gens de l'audiovisuel quand ils veulent créer l'angoisse chez les spectateurs : ils font entendre les battements de cœur et la respiration de l'acteur de manière forte et selon un tempo inhabituel. Cette différence entre le rythme respiratoire du personnage et des auditeurs peut aller jusqu'à l'insoutenable. Tel est, je pense, un des effets majeurs de l'électronique : il dérègle nos rythmes habituels, il les soustrait à la raison et au cours du temps. Voila le drame en son essence même : rupture de l'habituel, déséquilibre corporel, éloignement du normal. Bref, le train qui déraille.

L'électronique, c'est la contraction et la précipitation, la juxtaposition et la violence. C'est la démesure toujours possible. Qu'apporte le cœfficient électronique à la dramatisation ? Ceci : l'a-normal et l'extra-ordinaire sont désormais dans les mains de l'homme. Sans frein, ni limite.

Dramatisation et culture

La dramatisation pose à la culture le même problème que l'émotion mais de manière plus aiguë.

A cet égard, la guerre du Golfe en janvier 91 est exemplaire. Tandis que, là-bas, les Irakiens étaient pilonnés de millions de bombes, nous, à l'arrière, l'étions de milliers de bulletins d'information. Une personnalité telle que le Cardinal Lustiger, archevêque de Paris, a dénoncé avec vigueur les risques et abus d'une médiatisation conduisant à une « psychose collective » [24] :

> L'information devrait développer la rationalité. Elle a provoqué l'inverse, comme si la raison dans les pays démocratiques avait basculé sous les vagues des images, de l'affectivité et des passions. Les sentiments collectifs les plus irrationnels sont soudain réveillés, d'autant plus redoutables qu'ils sont amplifiés par les moyens instantanés de communication. Les mêmes réactions ont surgi, en miroir, dans les pays arabes. Les passions ont des racines plus puissantes que la raison. La raison donne une certaine liberté. Dans la mesure où elle est critique, elle aide à prendre de la distance, alors que l'immersion dans le sentiment peut rendre fanatique ou fou. Le jeu de la guerre comme spectacle médiatique me paraît être un danger encore plus grave pour le sort de l'humanité que les douleurs, les crimes ou les blessures qu'elle peut infliger par la violence physique.

Difficile d'être plus dur. Et plus clair : le grand mal de la dramatisation, c'est la destruction de la rationalité. C'est l'immersion dans la sensation. Osera-t-on encore parler de culture ? D'un autre côté, va-t-on refuser aux journalistes de médiatiser selon les lois de l'intérêt ? Autant refuser aux commerçants leurs étals et, aux libraires, leurs vitrines. Les médias ne sont pas l'école.

Question d'autant plus complexe que la dramatisation est étroitement liée à cet élément jugé dangereux, sinon malsain : le plaisir. Dans un premier temps, le drame contracte, bande l'attention et les énergies, tend la personne vers un sommet. Ce sommet une fois atteint, vient la détente, le relâchement musculaire et nerveux, l'apaisement. Trois temps : tension, sommet, détente. Or, le passage entre ces trois temps définit le mécanisme du plaisir humain. Plaisir du repas : avoir faim, manger, être rassasié et détendu. Plaisir sexuel : tension et désir, accomplissement, détente nerveuse. Plaisir du voyage : rêver et préparer, voyager, revenir assouvi, voire fatigué. Même l'acte de respirer s'apparente de quelque manière à un plaisir à trois temps : besoin d'air (tension), plein de l'air dans les poumons (sommet), expiration (relâchement).

Il serait naïf de réduire le plaisir à cet unique mécanisme mais il est essentiel. Or comment ne pas remarquer qu'il est étroitement lié au langage audiovisuel électronique ? Le langage de modulation touche directement le système nerveux : par sa nature même, il provoque tension et relâchement. Le clip, à cet égard, représente sans doute l'une des formes extrêmes de ce langage où la juxtaposition, la surprise, le rythme, l'emportent sur toute logique rationnelle. Les médias électroniques sont l'outil privilégié de l'ébranlement sensoriel et donc du plaisir. On peut paraphraser Niel Postman parlant de la télévision : *plaisir à en mourir* !

Bien fol est celui qui prétendrait donner des réponses claires et définitives aux problèmes posés par ce duo émotion-plaisir. A la suite d'échanges avec de nombreuses personnes engagées dans les médias, à la suite surtout d'entretiens avec des leaders et communicateurs de pays étrangers, j'avoue que mes conceptions ont évolué. Les Indiens et les Chinois m'ont ouvert à un art de l'arrière-plan bien différent de la philosophie des Lumières. Les Africains m'ont expliqué leur équilibre dans la violence des danses. Les Japonais m'ont initié à un étrange mixage : celui de l'organisation et du rêve, de la pensée et de l'inconscient, de la technique et de la beauté [25]. Bref, le contact des cultures étrangères à mon pays m'a ouvert d'autres horizons.

Peu à peu, d'échanges en réflexions, des prises de position se sont fait jour en moi : culture et dramatisation, culture et émotion peuvent cœxister. A deux conditions :
– intégrer l'émotion
– ne pas *perdre la raison* !

Intégrer l'émotion

Étrange comment nos sociétés occidentales, vers les années 60, sont passées brusquement d'une éthique puritaine à un débridement du plaisir, des films soigneusement censurés aux films érotiques. Coup de vent violent. Signe que les cadres traditionnels ne suffisaient plus à la culture. Mais le plaisir sans direction, ni frein n'est pas davantage un progrès, au contraire. Quant à l'émotion pour l'émotion : va un moment quand on a besoin d'oublier et de s'évader. Mais danger ! Trop d'émotion désintègre. Ecouter tous les quarts d'heure France Info pour avoir le dernier stress de la guerre du Golfe ressemble curieusement à une cigale qui se gratte pour chanter ! La réaction du Cardinal Lustiger a un ton d'urgence : on doit « prendre des distances, ... développer une ascèse volontaire. »

Plaisir et émotion, laissés à eux-mêmes, sont semblables à des chiens fous. Ils risquent de nous détruire. Intégrés à l'esprit humain et à la communication, ils se révèlent des biens précieux. Donnant du goût à la vie, ils motivent, brisent la raideur des combinaisons cérébrales et redonnent poids au cœur. On peut un moment calmer les chiens fous par un coup de bâton sur le museau : énergiquement, je puis tourner le bouton de la télévision, stopper l'hyper-modulation. En quelque sorte, je me frappe et c'est parfois nécessaire. Plus important, à mon point de vue, est d'entreprendre un long effort d'intégration de telle manière que plaisir et émotion jouent leur rôle positif dans la construction de la personnalité.

Intégration à la communication : l'émotion qui m'est transmise par les médias m'amène-t-elle à la réflexion, à la discussion avec mon entourage, change-t-elle mes projets, détermine-t-elle quelque action ? Est-elle utile à ma détente humaine ? Quand la radio, heure après heure, fait monter la tension du public autour de quelque événement grave, on doit s'interroger : ce thriller me conduit-il à être plus conscient des enjeux de ce temps et à mieux participer à la marche de l'univers ? Ai-je suffisamment de temps pour réverbérer l'information au fond de moi ou suis-je seulement un vibrateur ? Bref, l'information va-t-elle à la communication ? Plaisir et émotion accomplissent-ils leur raison d'être, c'est-à-dire la *relation* et non l'auto-érotisme.

Plus que tout, *intégration à l'esprit*. Il sonne peut-être étrange de parler d'esprit. Pourquoi pas de raison ? C'est que celle-ci a peu de prise sur l'émotion et le plaisir. En outre, cette catégorie correspond à notre temps. Ne voit-on pas naître un peu partout des mouvements dits spirituels, des stages de renaissance, des centres de développement intérieur, des colloques sur *Cinéma et Spiritualité*. Revanche de Dieu [26] ? Peut- être la science et l'idéologie ayant montré leur inaptitude à résoudre le dysfonctionnement des sociétés, on retourne vers quelque fondement transcendant. Je pense cependant que l'émergence du spirituel s'explique autrement, de façon plus décisive : l'esprit a quelque affinité avec le langage médiatique. L'électronique dématérialise et désintellectualise la communication. Jamais, dans l'histoire, les catégories de temps et d'espace n'ont été autant bouleversées ! En outre, la moulation réactive ces puissances intimes qui habitent notre inconscient. Je n'irai pas dire que l'esprit se cache dans l'électronique ! Je dirai que du brouhaha électronique émerge, non un besoin de raison, mais un besoin d'esprit. Et qu'il existe quelque analogie entre l'esprit et le langage des modulants, qu'ils soient des créateurs audiovisuels, des leaders charismatiques ou simplement des jeunes passionnés de « M-TV » (musique — télévision : clip, etc.).

L'esprit, c'est le souffle qui sous-tend la musique et fait l'unité d'un clip. L'esprit, c'est l'inspiration que le réalisateur transmet à son équipe technique. Par *esprit, entendons le principe qui, de l'intérieur, anime l'être humain, sa vitalité, son orientation et son unité*. Il ne s'agit là ni de l'intelligence, ni de la volonté, mais d'une réalité bien plus fondamentale — les anciens disaient *subtile* — qui s'impose à la conscience comme une expérience directe et une mystérieuse nécessité. La *spiritualité désigne* alors *non une école religieuse, ni une théorie de vie spirituelle, mais l'ensemble des manifestations de l'esprit dans la vie humaine et sociale*.

La spiritualité est liée à la *conscience* : elle suppose attention et réflexion. Elle est liée à l'*organisation* : l'esprit est le contraire du tohu-bohu et de la désagrégation. L'esprit distingue, définit un ordre des valeurs et construit un plan. Pas de spiritualité sans ascèse. Elle est liée à l'*éthique* : elle reconnaît un ordre et des fins. Elle est liée à la *communication* : elle ne construit pas la tour d'ivoire du moi, mais le moi-en-relation. La spiritualité, enfin, a partie liée avec la marche du monde : elle est particulièrement sensible aux grands courants du temps. Si les gens de cinéma se reconnaissent dans la voie de la spiritualité, c'est en partie en raison de leur sensibilité à ces courants. Les films qui font date sont-ils autre chose que la dramatisation de l'esprit du temps? En contrepoint de la guerre du Golfe, le film de Kevin Costner, *Danse avec les loups*, va dénoncer l'impérialisme culturel! En contrepoint de la haute technologie, *l'Éveil* avec Robert de Niro et Robin Williams va plaider pour l'esprit et le cœur.

Si tant de personnes cèdent à la dérive de l'émotion, n'est-ce pas qu'elles luttent trop avec les instruments inadéquats de la raison? Dans les médias, la spiritualité est la voie, tant pour créer que pour se défendre. En vue d'une possible culture médiatique, l'analyse et le raisonnement ne seront jamais qu'un complément et une pondération critique. Ils n'en seront pas l'âme. Pour que le tohu-bohu médiatique devienne culture, il faudra le souffle, l'intégration et l'intériorité que donne la spiritualité. Ce n'est pas pour rien que l'Occident moderne regarde vers l'Orient et que les groupes rock de Californie font appel aux moines tibétains. La vibration s'intègre, le plaisir s'humanise par l'esprit.

Pour intégrer la dramatisation et l'émotion, les Occidentaux ont beaucoup à apprendre des pays d'Afrique, d'Asie et d'Amérique Latine. Les lois de l'accueil, la présence des sages et des vieux, le respect et l'interdépendance des rôles dans le groupe ; l'humour, les histoires et les proverbes, les repas et les fêtes ; l'attention au corps et à la santé, l'alternance des rythmes, les ères de silence et de distance après l'immersion : telles sont quelques-unes des règles que l'expérience nous a apprises pour équilibrer et intégrer.

Ne pas perdre la raison

Expérience mille fois vécue : des étudiants sérieux, concentrés sur la rédaction d'un mémoire, discutent entre eux à un haut niveau d'abstraction. Peu après, les voici métamorphosés devant le poste de télévision, déchaînés, criant, gesticulant au spectacle d'un match. Y aurait-il des êtres différents? Raison et émotion, ce sont là deux registres dotés de leurs lois propres. La raison, «ça ne marche pas» avec l'émotion, le spectacle et l'image.

Plus j'avançais dans la connaissance des médias, plus m'apparaissait pertinente et éclairante la distinction des fonctionnements du cerveau droit et du cerveau gauche. Les médias — télévision et radio surtout — suscitent un sur-développement des propriétés du cerveau droit : émotion, intuition, saisie globale, reconnaissance des figures [27]. Au contraire, l'écriture alphabétique conduit à une hypertrophie des fonctions du cerveau gauche : abstraction, logique, saisie des détails et de leur rapport, etc. La théorie, on le sait, demande précisions et nuances. Ceci demeure, justifié par les faits : il existe en nous deux types de fonctionnement, deux modes de comprendre, profondément différents, irréductibles l'un à l'autre. Qu'il y ait un pont entre raison et émotion, comme entre cerveau droit et cerveau gauche, c'est certain, mais l'un ne saurait couvrir l'autre. Soumettre au canal de la raison celui de la pensée affective est une entreprise contre-nature. On peut imprégner, non subordonner. Bien plus, aujourd'hui, une telle opération s'avère impossible : l'environnement médiatique est là qui renforce l'émotionnel. Les deux canaux, par nature et par nécessité, doivent fonctionner de manière différente, sans opposition, mais en complémentarité, comme femme et homme, comme les deux voies de la stéréo...

Comment situer la raison ? Grande dame démodée, figée sur le bord de la route ? Finkielkraut, dans son livre *La défaite de la pensée* réagit avec vigueur. Que les barbares modernes en viennent à détruire la culture de la pensée au profit d'une soupe médiatique aboutissant à une culture de zombie, ce serait tragique [28]. Dire oui à une culture symbolique à résonnance affective n'est pas dire oui à une culture sans pensée, ni raison. Que la dramatisation soit une stratégie de la communication particulièrement performante dans le discours narratif ou médiatique, nul doute. L'argumentation rationnelle en est une autre. Y renoncer annoncerait un tragique recul en arrière. Pour que la communication ait quelque prétention à la vérité et à l'universel, l'entremêlement des deux stratégies est nécessaire.

Les vieilles lettres de l'alphabet grec, la construction et l'agencement des mots furent les rails de notre culture et l'esprit occidental était spontanément accordé à ce moule. Avec le temps, écriture, analyse, conceptualisation, raisonnement logique sont devenus des facteurs essentiels non seulement de l'être humain mais de tout développement humain au XXe siècle. Cette culture avait un temple : l'école. Pas question de faire de celle-ci un centre médiatique : les musées, les centres culturels, les voyages devraient jouer ce rôle. En revanche, qu'en ce lieu soient utilisés les instruments scolaires pour analyser le discours médiatique, voilà qui serait logique et pertinent. Quel est le langage des infos et de Dallas ? Combien de drames en trois minutes ? Quel lien entre eux ? Comment s'opère leur sélection ? Quels en sont les ingrédients habituels ? etc. Avec le langage, l'école pourrait être un lieu de réflexion sur les questions éthiques, sociales, économiques inhérentes aux médias. Exemple de réflexion éthique : le traitement des conflits à la télévision. Traitement généralement clair et rapide : le bon a raison, le méchant a tort ; l'un gagne, l'autre perd. match où l'on compte les points. Mais, à la longue, les spectateurs n'en viennent-ils pas à transposer dans leur vie cette manière dramatisée de résoudre les conflits ? Au lieu de la négociation, l'action ; au lieu de la lenteur, la rapidité ; au lieu des compromis, le tout ou rien ; au lieu des nuances, la phrase choc ; au lieu de l'acceptation des réalités, la démesure agressive. Bref, un tel type de réflexion devrait prendre place dans l'étude scolaire. Voilà qui est fidèle à sa tradition.

Il n'en demeure pas moins vrai que cette rationalisation n'aura pas, pensons-nous, d'effet direct et immédiat sur la manière de voir le match du soir à la TV. Comme dans la théorie des deux cerveaux, le passage existe bel et bien de l'émotion à la raison. Mais après un va-et-vient sur le pont, ce qui requiert du temps. La raison agit en amont et de manière indirecte, par imprégnation de la personnalité. Qui aura été alphabétisé en profondeur aura acquis dans sa personnalité un goût particulier de la distance et de la critique, de la vérité et de la liberté. C'est par la qualité d'une personnalité réfléchie que la raison exerce son influence sur les médias.

De toutes les caractéristiques du langage des médias, la dramatisation est sans doute la plus évidente à reconnaître et la plus simple à expliquer. Moins claire, sans doute, la connexion — toute moderne — entre dramatisation et électronique. Mais non moins intime et lourde de conséquences.

Peut-on parler de nouvelle culture ? Le terme semble excessif. La culture, qui pourrait naître des médias électroniques, ne détruit pas pour faire du neuf : elle s'ajoute pour faire du plus humain. Je proposerais qu'on parle plutôt de la culture médiatique comme d'un autre versant de la culture.

IV

Mettre en image

Dans les stations de radio-télévision, journalistes et opérateurs divers se réunissent au moins chaque matin pour préparer le journal télévisé à partir des nouvelles d'agences de presse et des impératifs régionaux. C'est alors que revient la question : A-t-on des images ? Pourra-t-on en avoir dans la journée ? Ainsi, que de fois les infos sont-elles choisies en fonction des images dont peut disposer le studio ! Bien plus, c'est le type même des images plus ou moins illustratives ou violentes qui va déterminer le commentaire. Parfois le spectateur entendra : « ces images ont été obtenues en exclusivité par notre chaîne. » Ou encore, « elles pourront choquer certaines sensibilités. » Ce qui, bien sûr, aura pour effet d'augmenter le crédit de la chaîne !

On peut dire que la télévision, c'est de la mise en image à domicile. Indiscutable. Mais qu'en est-il des autres médias ?

Au plan matériel, le langage audiovisuel, avons-nous dit, c'est indissolublement :

son	en	cadrés	grâce au facteur électronique
parole	tant	amplifiés	
image	que	mixés	
		multipliés	

Si on se réfère à une telle définition, l'image, semble-t-il, n'est jamais qu'une des 3 composantes : mettre en image signifierait alors faire de bonnes photos pour les introduire valablement dans la *sauce* audiovisuelle. Or, il s'agit de bien autre chose. *Mettre en image, c'est produire un langage qui, par sa structure, sa forme et ses rythmes, stimule et nourrit le potentiel imaginaire du public*, ce que Gaston Bachelard appelait « les forces imaginantes ». Ou encore, c'est provoquer une représentation mentale de la réalité qui touche tous les sens et, particulièrement, celui de la vue. Mettre en image s'oppose à mettre en mots, formule qui désigne une représentation plus intellectuelle et abstraite.

Dès lors, mettre en image n'exprime pas un élément particulier des médias, mais une qualité fondamentale et une marque générale qui recouvre tout le langage audiovisuel. Mettre en image désigne non seulement la production de photos, mais aussi la production de sons, de rythmes, de tonalités et de vibrations qui font voir, c'est-à-dire qui déterminent une approche et une représentation visuelle des réalités.

En ce sens, la radio doit être comprise comme faisant intrinsèquement partie du langage audiovisuel: la radio est un langage d'image, créant des images dans le public. J. Reuter, directeur de Radio Veritas à Manille, est souvent cité comme l'un des grands artisans qui — par la puissance des ondes — a fait triompher la voix du peuple philippin et conduit Cory Aquino à la présidence. En commençant ses cours de radio avec des étudiants en communication, il avait coutume de dire: «tout le pouvoir de la radio réside dans l'imagination.» Et de raconter l'histoire de ce responsable d'une grande chaîne aux États-Unis, lequel avait embauché pour une émission une femme dont il ne connaissait que le timbre et le son de la voix. Une semaine après, cette femme reçut dix demandes en mariage... Ainsi les auditeurs s'étaient-ils construit une image à partir de simples prestations radiophoniques. En fait, la réalité ne correspondait pas à la création imaginaire: cette femme, très corpulente, avait du mal à trouver un conjoint! L'histoire, pour spéciale qu'elle soit, illustre parfaitement cet adage des gens de médias: votre parole à la radio, c'est mille cartes postales.

Aux lois de l'émotion succèdent celles de la forme, la première forme étant incontestablement l'image. Parler comptable, c'est savoir mettre en chiffres. Parler intellectuel, c'est savoir mettre en concepts. Parler audiovisuel, c'est savoir mettre en image, spontanément, sans volonté délibérée d'illustration, sans artifice, selon une certaine exigence interne naturelle.

Mettre en image, comment?

Nombreux sont les travaux et les points de vue sur l'image et l'imagination. Notre réflexion peut s'en inspirer mais elle n'a pas pour but de balayer l'ensemble du sujet. Ce qui nous intéresse ici, ce sont les images fabriquées par les médias, images externes telles qu'on peut les observer sur un écran de TV et images internes qui naissent en nous à l'instigation des médias.

On peut observer 3 manières de mettre en image: la mise en présence, la mise en forme et la mise en éveil. Auxquelles correspondent trois catégories d'images:

mettre en présence	————	image document
mettre en forme	————	image connotation
mettre en éveil	————	image archétype

N'allons pas croire que ces catégories soient clairement tranchées dans la réalité. Dans la pratique, une image peut être tout à la fois document, connotation et archétype. Ces distinctions indiquent des dominantes dans la manière de fabriquer, de traiter et de recevoir l'image. Dominantes qui caractérisent tel ou tel genre audiovisuel, tout comme — en littérature — des dominantes dans le choix et l'enchaînement des mots caractérisent un genre littéraire.

Mettre en présence → image document

Les idées font penser, les images font voir. L'impact de l'image vient d'abord du sentiment d'évidence indiscutable qu'elle crée chez le spectateur. Hier, on disait : c'est vrai, je l'ai lu dans le journal. Aujourd'hui, on dit : c'est vrai, je l'ai vu à la télé. L'image nous rend présent, nous constitue témoin.

« Pourquoi nos médias modernes ont-ils ce pouvoir extraordinaire ?... » A ceci, J. Ellul donne deux explications : l'effet de réalité et l'effet de masse.

> Lorsque le téléspectateur voit à l'instant même l'émeute qui est en train de se produire, il prend la mentalité d'un participant de cette émeute. Quand il voit des soldats lourdement armés s'avancer vers une foule qui n'a que des pierres, pas de boucliers etc., il est évident qu'il sera ému de solidarité pour ces pauvres victimes. Et la chose sera d'autant plus certaine qu'on la voit [29].

Et l'auteur de ponctuer son propos par une remarque : l'effet de réalité est encore accentué par l'immédiateté même si, en fait, celle-ci est souvent fausse.

> Au moment le plus intense de la guerre de Beyrouth, dans les combats entre musulmans et chrétiens, la TV française a passé trois fois, à environ une semaine de distance, exactement la même séquence de combats de rue, en disant chaque fois que c'était un instantané qui venait d'être tourné par un audacieux cameraman [30].

Vision, immédiateté, diffusion massive qui socialise et universalise un fait, tels sont les éléments majeurs qui confèrent à l'image médiatique sa force. Ici, la TV est le grand médium : l'émeute se déroule dans mon salon, j'entends les coups, je vois les corps tomber dans les rues, les cars de police d'où sortent des hommes casqués, les jets d'eau, la fumée. Bref, j'y suis, mon cœur cogne.

Le type d'image qui rend présent s'appelle document. Sa fonction est triple : accréditer, décrire, impliquer.

Accréditer : la vision est l'organe de la preuve et s'oppose à la croyance. La première fonction de l'image sera d'authentifier ; c'est là son caractère le plus intellectuel qui s'apparente de quelque manière au raisonnement. Faire voir, c'est la manière de prouver en audiovisuel.

Décrire : ce sont les images de nos livres de classe, images graphiques, images plates, images qui s'apparentent au détail de l'écriture et dont le philosophe G. Bachelard ne dira pas grand bien : « l'image habituelle arrête les forces imaginantes. L'image apprise dans les livres, surveillée et critiquée par les professeurs, bloque l'imagination [31]. »

Enfin, l'image document implique. Mais cette dernière fonction ne va pas de soi. Elle dépend des spectateurs. Une mère se sentira plus impliquée qu'un célibataire par un document de viol d'enfant. Elle dépend surtout des éléments de connotation qui se surajoutent à la description objective du document.

En suscitant la vue, mais aussi l'oreille, les médias ont le pouvoir particulier de rendre présent, d'accréditer et de prendre le spectateur à témoin. Cette mise en présence demande des images documents, les plus nombreuses sans doute mais peut-être les moins typiquement audiovisuelles. Plus proches des livres que des modulations électroniques.

Mettre en forme → image connotation

Qu'entend-t-on par image connotation ? Une image à 30% de figure et 70% de *ground*. Ou encore, une image ayant 30% d'éléments descriptifs ou représentatifs de la figure et 70% d'éléments sensibles entourant la figure. Ces éléments sont divers : lumière, masses, lignes, couleurs, composition, texture, grain, etc.

Gens d'images et éducateurs parleront volontiers en termes de dénotation et de connotation. *Par dénotation, on entend la désignation matérielle des réalités* et, particulièrement, de la figure centrale : ceci, au centre de l'image, est un chien. Il a les poils blancs, etc. *Par connotation, on entend l'ensemble des caractères qui affectent la figure centrale en lui conférant un sens particulier et des effets sensibles*. Ainsi le chien photographié en contre-jour a les poils irisés de lumière, ce qui lui confère un caractère merveilleux, presque mythique ; sa tête est à droite de l'image, ses pattes sont en position de marche sur une longue ligne horizontale, ce qui donne l'effet d'aller de l'avant, etc.

Dans les médias, les images ont une dominante de connotation visant à produire le maximum d'effets sur le spectateur. Celui-ci va de l'effet à la réalité, de l'émotion à la figure. Qu'on ne crie pas à la profanation du sens objectif des réalités : le sens est dans l'effet produit. En regardant le chien blanc irisé de soleil allant vers la droite de l'image, je me sens plus léger et invité à aller de l'avant. J'oserais dire : participant de l'univers, cet aspect — chien, marche, lumière — qui habite mon corps est stimulé dans une certaine compréhension et direction. Tel est le sens de l'image connotation.

Connoter une réalité — une figure — *c'est lui donner un sens par l'effet produit.* Un homme voulant honorer sa femme, organise une fête fastueuse pour l'anniversaire de ses cinquante ans. Choix d'un lieu romantique, invitation de nombreux amis, décor de la maison, présence d'un cameraman qui filmera tout, sonorisation, jeux inventés à partir de musiques et d'images, arrivée surprise de l'épouse, conduite sur un trône sous une haie d'honneur, fleurs, cadeaux, dîner, champagne... Bref, le spectacle du Grand Meaulnes qui vous fait faire un bond dans le paradis. On a dit, de cet homme, qu'il était un bon metteur en scène. Il savait faire en sorte que l'image soit plus importante que la réalité et lui donne son âme. Il savait produire un effet significatif capable de transporter le public des participants. Tel est le metteur en scène : il joue avec les connotations. Il *donne être au possible des choses.* Parfois, aux brins de réalité, il confère l'absolu. Ainsi, la fête anniversaire de cette femme fut-elle infiniment plus que la fête d'un individu : elle fut, en quelque sorte, la fête de l'histoire humaine et de l'amour.

L'image est connotation : dans une telle image, le halo devient plus important que l'objet. Non seulement il le colore mais il lui donne un sens et une portée universelle. Dans l'art religieux, l'auréole qui entoure la figure des saints donne une parfaite analogie de ce qu'on entend par connotation. Par ce signe, un être s'absolutise, devient un *type*, c'est-à-dire un modèle et une direction pour tous. Le halo, c'est l'image de marque, au sens premier d'excellence.

Avec le terme de connotation, on a employé celui de mise en scène, lié aux techniques du théâtre. On pourrait aussi parler de mise en onde, terme lié aux techniques de radiodiffusion. Pourquoi ne pas parler de *mise en forme*? Le mot forme, selon les anciens philosophes, signifie à la fois le principe intime des choses et leur configuration externe. Le principe intime, c'est l'âme ; la configuration externe, c'est le lien aux autres, la relation au tout. En disant que l'image met en forme, on dit indissolublement ces deux choses : elle donne du *souffle*, elle situe dans un ensemble. Des sociologues et observateurs ont diagnostiqué que nous entrions dans l'ère de l'information. Oui, à condition de ne pas restreindre le terme à celui de renseignements ou connaissances. L'ère de l'information c'est l'ère de la mise en forme au sens étymologique d'*in-forma* [32].

Qu'apporte l'électronique à l'image connotation?

Son rôle est clair : elle fait vibrer l'image et fait de celle-ci un réseau, en remplaçant le pinceau par le rayon, la lettre couchée par l'onde vibrante. C'est là tout le passage de la peinture à la photo, de la parole naturelle à la parole radiodiffusée. Peindre, c'est recouvrir une surface de signes et de couleurs alors que photographier, c'est écrire avec de la lumière. Parler naturellement, c'est s'adresser à un public restreint avec des gestes et des paroles ; passer à la télévision, c'est faire vibrer un rayon sur des millions d'écrans. Le propre de la modulation — comme essence du langage électronique — est d'activer l'image. Comment ? En amplifiant son cœfficient sensoriel, en étendant sa surface, en reliant quasi instantanément les spectateurs entre eux.

Amplification du caractère sensoriel

Cette sensibilisation par l'électronique se manifeste tant dans l'image vidéo que dans l'image déclanchée par la radio.

Que la voix radiophonique génère mille cartes postales, que 70 à 80% des messages du minitel dans les années 85-89 aient été en certaines régions de France des messages conviviaux à imagination érotique, voilà qui fait apparaître clairement la nature et le mécanisme de l'image électronique. Dans les années 85, une chanson à succès, primée au Hit Parade, avait pour titre *L'amour au téléphone*. Comme je souriais, des jeunes me reprirent : « L'amour au téléphone, c'est plus intéressant qu'en réel, on n'est pas gêné, on peut imaginer l'autre, on peut faire ce qu'on veut librement et, en même temps, il est là, par sa voix. » Réaction analogue pour l'amour au minitel : « je sens mon correspondant au bout de mes doigts. » Expression sans doute déroutante pour beaucoup, mais cependant confirmée par les faits. Il n'est pour s'en convaincre que de prendre en compte les affiches publicitaires des messages dits conviviaux. Nombreux doivent être les adeptes pour que tant d'argent puisse être dépensé en publicité. Que se passe-t-il donc à travers le téléphone, la radio ou le minitel ?

Le mécanisme est simple. La voix, le texte ou dessin véhiculé par l'onde électronique émeuvent fortement mon corps et mes sensations. Surtout, ils vont stimuler mon imagination. Et c'est l'imagination qui recompose le corps de mon correspondant, moins sans doute un corps réel qu'un corps selon mes besoins. Dès lors un cercle interactif se crée à base de vibration et d'imagination. Véritablement l'électronique est un outil performant pour certaines relations d'amour ! Qu'on n'objecte pas l'éloignement du correspondant. Montaigne, au XVIe siècle, écrivait déjà : « La jouissance et la possession appartiennent principalement à l'imagination. Elle embrasse plus chaudement ce qu'elle va quérir que ce que nous touchons, et plus continuellement [33]. »

Élargissement de la surface

Non seulement l'électronique, par ses capacités physiques, étire l'image sur les panneaux publicitaires mais elle va plus loin, faisant de l'espace une vaste image. L'image n'est plus seulement un objet qu'on regarde, elle est notre paysage, notre infrastructure. Pour comprendre pleinement le sens de l'image médiatique, il faut circuler de nuit dans les quartiers bruyants et illuminés des grandes villes : mille néons, immenses publicités, foule qui nous bouscule, brouhaha des voitures, musiques, clignotements, clins d'œil : Montmartre, Times Square, Ginsha !... Qu'on mesure alors l'effet produit sur soi. Ce n'est pas nous qui regardons les images, ce sont elles qui nous regardent. Il en va de même de la télévision. Il devient une espèce rare celui qui regarde seulement les infos et quelques programmes déterminés. Pour la majorité, la télévision est un environnement, la mise sous influence, l'air que l'on respire. De même pour la radio, et ne parlons pas du walkman !

Dans ces perspectives, on comprendra qu'on ne peut séparer l'image sur le petit écran de cette autre image beaucoup plus grande qu'on appelle l'image de marque. L'image d'un ministre ou d'une vedette à la télévision est inséparable de son image de marque et de toutes les infrastructures techniques, sociales et économiques qui lui permettent de passer. L'affiche sur le mur est indissociable de la campagne publicitaire. Et la photo du pape, indissociable de ses voyages. En conséquence, combien est insuffisante cette analyse scolaire de l'image où l'on apprend à des étudiants la structure des lignes de la photo à la manière de la structure des lettres de l'alphabet [34] ! Plus que le signe d'une réalité absente, l'image désigne un vaste tissu d'influences à l'intérieur duquel nous nous mouvons comme un poisson dans l'eau.

Interconnexion des spectateurs

Quand les chercheurs révèlent que la pratique lourde de la TV conduit les spectateurs à adopter un style de vie semblable à celui décrit dans les feuilletons et autres programmes populaires, ils expriment par là que l'image est réseau et crée l'osmose [35]. Entre les images de la TV, les images de la publicité et les images des gens déambulant dans les rues piétonnes de nos cités, il y a cohérence, comme si la rue décalquait les médias. Même bariolage, même liberté dans l'habillement, même audace dans les attitudes, même pluralisme dans les comportements, même intérêt porté au look. Nous sommes loin de la sécheresse vestimentaire et des costumes de classe du début du siècle. De même que la radio branche les auditeurs sur la même onde, ainsi les images médiatiques se projettent sur des *paquets de spectateurs*. A la vitesse de l'électricité, s'imprime la même image sur d'énormes groupes humains : *ET* ou *Turtle* au cinéma, sur les T-shirts, dans les jouets, dans les bandes dessinées. Nous voilà programmés *ET* ou *Turtle* !

Demain, la télévision haute définition fournira des images d'environ 700 000 pixels et permettra des écrans de grande dimension. Demain, les satellites et les antennes domestiques couvriront la terre entière. Demain, l'image deviendra de plus en plus semblable à une toile d'araignée qui enveloppe le spectateur.

Objectera-t-on que j'ai outrepassé dans ces pages le sens classique du terme image à force de l'affubler d'électronique. On ne saurait réduire l'image à la seule modulation électronique. L'insistance est la suivante : la puissance et le contour des vibrations produisent un effet d'image sur le corps. Si nous regardons le tracé d'un oscilloscope, force est bien de constater qu'il y a une image, c'est-à-dire des courbes en hauteur et en profondeur, des marques d'intensité analogues au volume, des staccatos et des enveloppements analogues aux gestes du corps. J'émets l'hypothèse que ces tracés de modulation affectent le corps à la manière de l'image affectant la vue et qu'ils suscitent, en conséquence, bien mieux que les images de nos livres, notre fonction *imaginante*. Ils sont déclencheurs d'images parce qu'ils sont sensation d'image. On retrouve le vieux duo inséparable : image — sensation. Lalande définissait ainsi l'image : « répétition mentale, généralement affaiblie, d'une sensation... précédemment éprouvée [36]. »

Mettre en éveil → image archétype

Toute grande production audiovisuelle est archétypale, jouant sur les images fondamentales du bien et du mal, de diable et de dieu, de feu et d'eau, de paradis et de tour de Babel. L'archétype, c'est l'aspect universel des pulsions, des besoins et des images ancestrales : en tout être, se cache un père à forme de lion protecteur, un sage à forme d'éléphant ou de tortue, un jeune à forme de cerf ou de cheval. Mais dans les médias, l'archétype recouvre aussi les grandes expériences humaines universelles. Ce sont ces expériences que l'on trouvera dans les innombrables dramatiques et *soap operas* : la belle et la bête, la peur de vieillir et la naissance des cheveux blancs, les rivalités de famille et le départ des enfants. L'archétype, c'est l'universel typé dans une star et une situation.

Si la Bible reste le plus grand best-seller de l'humanité, c'est sans doute parce qu'elle est portée par les Églises, mais c'est avant tout parce qu'elle représente le plus grand réservoir d'archétypes humains, en figures et en aventures. *France-Soir*, le quotidien à plus fort tirage l'avait bien compris qui — loin de toute propagande — a publié, jour après jour, la Bible en petites bandes dessinées, insistant à dessein sur les archétypes et leurs histoires croustillantes : Samson et Dalila, Esaü et Jacob, etc.

Comment fonctionne donc l'image archétypale ? En quoi est-elle liée à l'univers médiatique et électronique ?

Les théories de C.J. Jung sur les archétypes ont été contestées par de nombreux philosophes et psychiatres. Sont-elles justes ? Ont-elles valeur thérapeutique ? Ce n'est pas notre propos d'en discuter. Elles nous semblent, cependant, fournir la meilleure explication psychologique des phénomènes médiatiques et électroniques. Étonnant pour un journal comme *France-Soir* : au moment de la mort de Jung, ce quotidien lui consacre — à titre de reconnaissance — un long article avouant qu'il est une des clés

de son succès populaire. L'explication jungienne rend compte de deux réalités fondamentales des médias:
1) la modulation électronique, par ses affects psycho-sensoriels excite ce grand réservoir de pulsions et d'images que nous appelons l'imaginaire et que Jung dénommera l'inconscient collectif;
2) les grands succès audiovisuels sont tous archétypaux: on voit apparaître à la conscience de la population tous les grands archétypes y compris ceux rejetés ou marginalisés par la science comme les archétypes religieux.

Le mécanisme paraît simple: tout se passe comme si un courant X traversait un liquide à l'intérieur d'un récipient. Les particules en repos s'agitent, les poussières accumulées au fond remontent en surface, un mouvement s'établit, des connexions nouvelles se créent. Ainsi, dans ce vaste réservoir de l'imaginaire, les vieux souvenirs endormis se réveillent et frappent en quelque sorte à la porte de la conscience. Les grandes images ancestrales qui appartiennent à la nature humaine ou du moins au fond commun de l'humanité réapparaissent, anges et démons, terre et sang. Ce qui est le plus fondamental dans l'expérience humaine demande droit de cité et, par droit de cité, entendons droit de conscience, droit d'expression sociale. Qu'il s'agisse du sexe ou de l'immobilité parfaite du Bouddha, du passage initiatique à l'âge adulte ou de la ruée vers l'or, ces images expriment notre humanité de toujours. Un temps assoupies sous la prévalence des exigences rationnelles et scientifiques, elles se réveillent sous l'impulsion du petit dieu électronique.

Ces images archétypales sont tout à la fois des images de masse et des images de plaisir. A. Huter, de l'Université de Salzbourg, soutient que la télévision remet sur le devant de la scène le vieux conflit entre jouissance et devoir, plaisir et obligation. Comment? La télévision agit non seulement par l'étalage visuel des archétypes mais encore par une sorte de stimulation sensorielle. Elle fait bouger, toucher, goûter ce que l'archétype montre. En liant la bière aux symboles sexuels d'érection et d'éjaculation, on stimule la sensation de force, de vitalité et de plénitude. En liant une marque de lessive avec la pureté des neiges du Kilimandjaro, on réveille le goût de l'absolu et de l'innocence perdue. Ces goûts et ces besoins réveillés par l'archétype ne se présentent pas au spectateur comme des idées à réfléchir mais comme des plaisirs à consommer. Prenons le cas d'un film publicitaire de Coca-Cola. Celui-ci montre la plongée joyeuse de jeunes dans des eaux écumantes. Ces images réveillent l'archétype paradisiaque du sein maternel et de l'immersion dans les océans primitifs. Plans filmiques variés et rapides, couleurs chaudes, rythme endiablé de la musique, bulles gonflées de rêve, tout est calculé pour donner au spectateur non des idées mais des sensations et du plaisir.

On ne parlera jamais bien audiovisuel sans laisser remonter du fond de soi les colorations et les impulsions archétypales enfoncées dans notre chair. La maîtrise technique est nécessaire et la connaissance des trucs du métier également. Former un bon communicateur exige aussi qu'on lui apprenne à se ressourcer aux grandes voix et images avec lesquelles — au fond de lui — bien souvent il n'est pas accordé.

Les nouvelles images

Comment parler de l'image médiatique sans parler de cette nouvelle sorte d'images qu'on a, précisément, appelée images électroniques ?

Dans la cité des arts et des nouvelles technologies de Montréal se tenait, dans les années 1985-90, une grande exposition *Images du futur* dont on a parlé en termes d'événement culturel pour les applications artistiques des nouvelles technologies... « Si *Images du futur* est capable d'attirer le grand public..., c'est évidemment parce que cette nouvelle esthétique électronique ne rebute pas monsieur tout-le-monde comme pouvait le faire l'art d'avant-garde [37]. » Dire que le public « comprend » serait faux : il semble plutôt désorienté. Hervé Fisher, le remarquable concepteur de cette exposition explique :

> Les Européens ou les Latins comme les Québécois sont toujours à la recherche d'un contenu critique, d'une cinquième dimension mentale et intellectuelle dans l'œuvre et nous avons beaucoup de réticences dès lors que l'art n'a pas un engagement humain, un message. Pour les Californiens, cette sorte de débat est un provincialisme lointain et du moment que c'est beau... agréable, c'est amplement suffisant. (Quant aux) Japonais, on sait très bien qu'ils célèbrent la beauté pour elle-même et le fait que les images numériques soient rarement... conscientisatrices ne leur pose aucun problème ; ils ne se posent même pas la question. Un des grands débats sur la *gadgeterie* des images faites avec les technologies nouvelles qui seraient des images liées à une culture de masse abêtissante est un débat strictement européen qui n'a aucun sens pour beaucoup d'artistes japonais ou américains [38].

A mon point de vue, cette interprétation constitue la principale clé pour comprendre les images électroniques. Celles-ci ne sont pas conçues d'abord et directement pour la tête pensante mais pour l'agrément du corps. Non pour penser droit mais pour être bien. Dès lors que nous sommes balayés — comme l'écran — par le faisceau du tube cathodique, la vidéo sera d'abord un plaisir, celui d'être *touché*. La longue *tradition Gutenberg* des Européens n'est pas à l'aise avec cette approche !

Qu'est-ce qui caractérise les images du futur ?

D'abord les techniques qui les fabriquent ou les déterminent : essentiellement l'ordinateur qui permet la numérisation de l'image et la création d'images nouvelles dites *de synthèse*, mais aussi l'holographie qui permet le passage à cinq dimensions, enfin l'adjonction quasi naturelle à ces images de musiques électro-acoustiques.

A ces techniques d'analyse et de fabrication, on doit ajouter les techniques de transport et de connexions, en particulier la fibre optique, le laser et les supra-conducteurs permettant tout à la fois l'extrême complexité et l'extrême rapidité, une multiplication et une amplification sans limite.

Sous la poussée de telles techniques, que devient donc la vieille image couchée sur les pages de nos livres ? Évidemment, comme on l'a précédemment décrit, l'image nouvelle est d'abord image connotation et mise en scène. Mais, par la suite, la transformation s'opère dans 4 directions :
— L'image devient lumière, rayonnement actif plutôt que dessin et peinture. En travaillant avec des tubes néon, l'artiste Christian Schiess vise à créer des « phénomènes lumineux dotés d'une certaine qualité magique ». Il écrit : « mon art a été prioritairement un art de lumière, de rayonnement et un art de mouvement [39]. »
— L'image devient mobile au sens bien sûr où, en elle-même, elle bouge et scintille, mais aussi au sens où le spectateur la fait évoluer et changer d'effet selon le lieu d'où il la regarde et les interactions qu'il entretient avec elle. Aussi, pour un photographe, l'image va réellement changer de couleur et de visage selon qu'il la prend à un ou deux mètres de distance. Quant au spectateur, il devient joueur, créateur d'illusions et de surprises.
— L'image éclate en cinq dimensions. L'holographie en particulier fait éclater les dimensions en créant l'espace à échelle variable. L'image holographique a des profondeurs et des configurations nouvelles selon la position du spectateur. On peut dire en toute rigueur que le spectateur par son action crée à chaque instant un monde nouveau *adjoignant ainsi à l'image les dimensions d'espace et de temps*. « L'image holographique déborde l'hologramme de l'espace ambiant, se prolonge devant lui, derrière, au-dessus, au-dessous et latéralement [40]. »
— L'image appelle l'interactivité. Non cette interactivité intellectuelle de l'enseignement assisté par ordinateur où le spectateur répond à une question, ce qui n'a rien de nouveau ni de passionnant. Mais cette interactivité qui est faite de participation et de réaction sensorielle à des effets lumineux (éventuellement sonores) qui atteignent les spectateurs de toute part. L'image nouvelle laisse beaucoup de place à la liberté. Plus *ground* que figure, plus paysage que message, elle demande au spectateur de créer et le sens et l'effet psychique. Il en va de la compréhension des images du futur comme d'une promenade en forêt : chacun interprète selon ce qu'il ressent, mais aussi selon le chemin qu'il prend à tel ou tel moment. L'interactivité est essentiellement un jeu d'interactions sensorielles.

Par l'intermédiaire d'œuvres interactives, nous pouvons enrichir notre capital sensoriel, écrit Bill Parker, sculpteur et ingénieur, travaillant à l'harmonisation de l'art et de la science. « Mon œuvre est un alliage de sculpture et de chorégraphie où je veux maîtriser les couleurs, les formes et l'étendue du mouvement formel, tout en les dotant de la faculté de dialoguer avec le spectateur [41]. »

Que de telles images soient utilisées dans les musées, la publicité, les métiers du spectacle, nul doute, mais dans la formation ou les apprentissages ? De par ses aspects ludiques et sensoriels, l'image électronique ne conduit pas psychologiquement à l'exercice de l'abstraction. Même avec un graphisme cérébral, elle garde un caractère coloré et vibratoire qui appelle le plaisir. *Oui* donc à l'image électronique pour ses qualités de schématisation, de figuration et de multiplication, mais *non*, s'il s'agit de développer des comportements de conceptualisation et de rationalisation.

On peut penser qu'une des grandes voies du futur, en particulier pour les apprentissages complexes, sera le multi-média commandé par ordinateur. Ford a mis au point une machine multi-média pour enseigner à ses 40 000 ouvriers la réparation des pannes: d'un côté, un écran indiquant la pièce défectueuse et les manœuvres à exécuter, au milieu le moteur à réparer, d'un autre côté, un système acoustique permettant d'écouter le son juste que doit faire l'engin une fois réparé. Réaction positive des ouvriers: «on aime ça, c'est étonnant [42] !» De tels apprentissages, notons-le, sont avant tout techniques : ils permettent de mieux lier plaisir et travail, expression sensorielle et habileté manuelle. Un multi-média électronique est-il applicable à la formation intellectuelle et scolaire ? On peut en douter: il n'induit pas à l'abstraction.

Bachelard écrit: «Le langage évolue par ses images plus que par son effort sémantique [43]. » Considérant les images du futur, on peut commenter ainsi: si vous voulez comprendre l'évolution de l'image, allez chez les artistes plutôt que chez les professeurs.

Curieux personnage, le communicateur par image électronique ! Il est avant tout un être à l'imagination vive, quelqu'un pour qui l'analogie a plus de poids que le raisonnement. Capable aussi d'*émettre* ce qu'il voit et ressent. Pour lui, l'image est essentiellement une impulsion de lumière et de lignes, non un enseignement à décoder. A l'aise dans le paysage plus que dans le détail, il est créateur d'espace. Certes il sait faire clic-clac avec sa caméra et servir une représentation de la réalité pour le contentement du public. Mais, avant tout, il reçoit souffle et vision du fond de lui-même. Il en jouit. Ce qui se reflète en lui, il le projette à l'extérieur via les techniques électroniques. Ce faisant, le communicateur d'images est un donneur d'âme et un médiateur.

V

Mettre en histoire

Dès l'aube de l'humanité, nous dit-on, autour des premiers feux de camp, les hommes se seraient réunis dans deux buts: se raconter des histoires et faire des jeux. Si telles sont bien les deux grandes formes primitives de la communication sociale, il n'est pas étonnant qu'elles soient relayées aujourd'hui par les mass-média.

Histoire et jeux sont d'ailleurs intimement liés. Il y a du jeu dans l'histoire: l'auditeur se prend à parier pour telle ou telle fin. Il y a de l'histoire dans le jeu: des étapes, des péripéties et une conclusion. Dans les grands médias — radio et TV surtout — histoire et jeux sont non seulement imbriqués, mais leur genre est répandu partout sous les formes les plus variées, du western au clip, du feuilleton aux informations. Qu'est-ce qu'un clip, qu'est-ce qu'un proverbe sinon une *histoire-compact* arrangée? Que sont devenues nos informations télévisées sinon — le plus souvent — une série de petites histoires dramatiques? Histoires et jeux peuvent être considérés comme les deux modèles fondamentaux de la communication radiophonique ou télévisuelle.

L'histoire dans les médias

Le but de notre étude n'est pas de décrire ou d'analyser le genre narratif mais de déceler ce qui caractérise le «langage-histoire» dans les médias modernes. Ayant particulièrement présents à l'esprit le cinéma, la télévision et la radio, comment définir le terme *histoire*? J'appellerai *histoire la présentation significative des temps et péripéties d'une action conduisant à une solution finale grâce aux réactions de personnages contraires.* Ceux-ci en évoluant dans le temps, *se construisent, révèlent leur être profond, donnent la clé du sens et des chemins de la vie.* Enfin, éventuellement, ils déterminent la marche de leur époque [44].

On aura remarqué, dans cette définition, l'importance particulière accordée aux personnages. Le personnage (en anglais *character*), en latin *persona*, c'est-à-dire masque, apparaît comme l'élément central de l'histoire en terme médiatique. Non seulement il incarne l'histoire mais il la fait, il en donne le sens. Ce qui signifie qu'il la marque de son esprit comme on malaxe la terre de sa main. Ce que nous aimons dans un film d'histoire, c'est la révélation de l'esprit aux prises avec la matière. Dès lors, l'événement-clé de l'histoire n'est pas l'idée ou l'argument, mais l'évolution d'un grand caractère qui tombe dans une situation comme le torero dans l'arène. Pascal Bonitzer, dans les *Cahiers du Cinéma* (n° 369), écrit: «Une histoire... c'est la mise en jeu d'une idée déterminée comme un problème, à travers des personnages qui en sont l'incarnation multiple.» Conception trop abstraite et combien dangereuse pour un jeune réalisateur! Le point de départ d'un scénario n'est pas une idée ou un problème général qu'on va habiller de personnages, c'est un personnage à problème qui évolue dans une situation exacerbant le problème. Ainsi, G. Simenon explique-t-il: «pour écrire mes romans, je me mets dans un paysage, je marche le soir sur un quai brumeux, alors mes personnages sortent de terre et je les suis.» Voir le personnage et le suivre, telle est la clé. La réussite de l'histoire dépendra alors de trois éléments: la force de caractère des personnages, l'étude fouillée des secrets de leur caractère, leur incarnation dans un grand acteur.

Qu'entend-t-on par force de caractère des personnages? Un caractère qui est à la fois bien *typé* et bien *archétypé*. Un caractère bien typé est celui qui représente jusqu'à la caricature les traits d'une société et d'une culture à un moment donné et en un lieu caractéristique: les mafiosi siciliens, gris-noirs, dans les boîtes à jeux et les entrepôts de New York. Le *type* exprime la popularité, la situation, le milieu, le décor, la familiarité, sans quoi le spectateur n'accroche pas. Mais cette marque ne suffit pas, sinon pour les personnages secondaires. Le personnage doit être *archétypé*, au sens des archétypes de Jung. Il doit posséder ces caractères fondamentaux, primitifs et brutaux qui définissent l'espèce humaine dans ce qu'elle a d'universel et de violent. Ainsi les personnages centraux incarneront-ils les forces irrationnelles de la race, le mystère fascinant du démon, la lutte grossière du bien et du mal: c'est *Le Parrain*, *Citizen Kane*, les justiciers des westerns s'élevant contre la force et la loi.

Dans les fables, dans les contes africains ou indiens, ces caractères archétypaux vont être souvent incarnés dans des animaux. Qu'on n'aille pas voir là des représentations, illustrations ou images codées de quelque idée générale ou de quelque argument moral! Qui comprend ainsi reste à la périphérie du langage audiovisuel, des films de Walt Disney au Bébête-Show. Il est vrai que notre culture intellectualisée et notre éloignement de la nature nous ont arrachés de notre unité symbolique avec l'univers. La symbolique animale est à comprendre comme une révélation intime: je suis moi-même — au plus profond de moi-même — le lièvre fantasque et la tortue patiente. J'ai quelque part en moi, plus ou moins éveillée, la longue sagesse des éléphants, la violence gloutonne et imprévisible des requins. *Toutes ces bêtes*, toutes ces forces déchaînées, toutes ces formes animales bien marquées *sont des aspects de moi-même* et de la comédie humaine. En ce sens, elles sont des archétypes : elles m'éveillent et me démasquent.

Il n'est pas de grand film sans caractère marquant bien étudié et bien joué. Les bons réalisateurs sont experts en aventure humaine, soit qu'ils observent attentivement les mœurs comme M. Mastroianni dans les trams de Rome, soit qu'ils étudient scrupuleusement, à la manière des Américains, ce tas de petits secrets qui caractérisent un homme. Il demeure évident que toutes ces conditions ne seraient rien sans les grands comédiens, les stars... étoiles éteintes, étoiles filantes ou *supernovae*, comme les surnomme le magazine du cinéma *Première*. Pas de grands feuilletons à la télévision sans personnages bien définis et bien joués : *Dallas*, c'est J.R., Pamela, Bobby, etc.

Quels sont les ingrédients de l'histoire ? Fidèles à notre cadre de pensée, on peut distinguer ceux-ci en termes de figure et d'arrière-plan. Les figures de l'histoire, c'est ce que nous voyons sur les affiches : bien évidemment, d'abord les personnages et, en second lieu, les épreuves, les hauts faits, les gestes dramatiques. Les principaux ingrédients du *ground*, ce sont l'allure physique et l'habillement, le paysage et la situation, toutes réalités qui seront transmises de diverses façons par le son et la musique, la mimique et le ton de la voix, les lumières et le cadrage, le rythme et les contrastes des séquences, les raccourcis, les flash-back, bref un certain langage stylisé.

Dans les Cahiers du Cinéma (INA 1985), M. Chion, citant Swain, distingue cinq facteurs dans l'écriture d'un scénario : « le personnage principal ; une situation difficile ; un objectif ; un opposant ou antagoniste (qui peut être quelque chose) ; un terrible danger qui menace. » Ces facteurs — à condition de ne pas les durcir — caractérisent bien la trame de l'histoire.

Du point de vue des médias, proposons le schéma suivant des ingrédients de l'histoire :

1. le cadre révélateur des personnages principaux (situation — paysage — atmosphère : *cadrage*) ;
2. le ou les personnages principaux ;
3. l'objectif à atteindre ;
4. les opposants et les obstacles ;
5. les épreuves et hauts-faits ;
6. les actions et émotions mises en valeur.

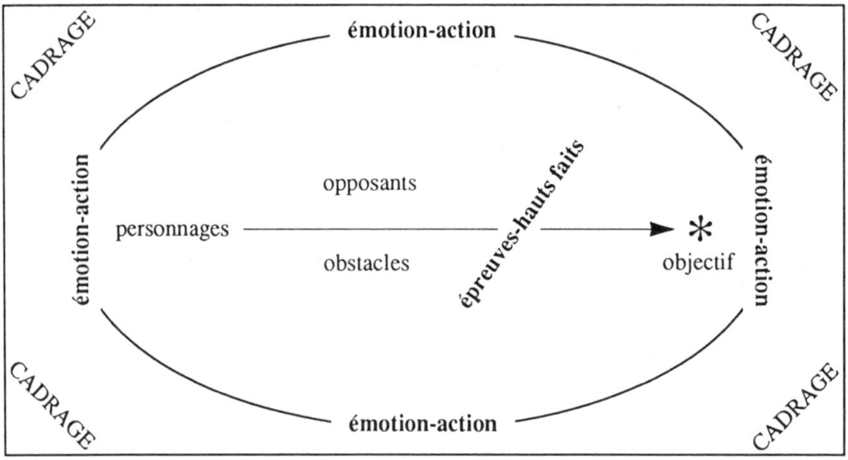

Inutile de redire combien les ingrédients de l'arrière-plan sont importants. Il y a une atmosphère *Dallas* comme il y a une atmosphère gris-bleu dans *L'horloger de Saint-Paul* de B. Tavernier. Et quand les jeunes vont acheter le disque du film, c'est l'atmosphère qu'ils achètent : qu'on songe au classique *Sound of silence* du *Lauréat* ! Carl Dreyer disait : « la musique et le contraste sont les deux grands moyens pour exprimer l'âme. » Enfin, dans le déroulement de l'histoire doit s'imbriquer un mélange d'action et de sentiments. En général les histoires de conception américaine comportent plus d'action, de contraste, de rapidité que les histoires de style français où abondent les états d'âme et les sentiments complexes. On a noté en Amérique du Nord qu'aux grandes heures d'écoute de la TV, les actions représentent presque tout et les sentiments presque rien. Dans le feuilleton (*soap opera*) qui passe aux heures de moindre écoute, c'est exactement le contraire qui apparaît : ce qui compte, ce sont les sentiments éveillés par l'action.

Autour de cette structure générale gravitent les intrigues secondaires (*subplots*) qui ont pour but d'étoffer l'arrière-plan, de reposer les auditeurs trop tendus, parfois de détourner l'attention et de compliquer la situation. L'art du réalisateur audiovisuel est de jouer de toutes les ressources humaines par le mixage électronique pour créer un espace-temps original et suggestif : flash-back, contrastes, variété de rythmes, raccourcis, fondus et oppositions, émergence des moments forts.

Certes, le modèle ici développé est surtout celui du cinéma car il est le plus révélateur. Mais toute forme d'histoire se relie peu ou prou à ce modèle. Aux nouvelles télévisées, on traite les grands événements en histoires : ainsi, dans l'épisode du Nicaragua, c'est le bon Bush qui veut en finir avec le méchant Noriega ; ce sont les fidèles G.I. face aux fidèles de Noriega ; c'est l'opposition des états sud-américains et le soutien de Mrs. Thatcher ; c'est le suspense à rebondissement de l'ambassade du

Vatican et c'est, enfin, le dénouement. Il ne reste plus qu'à imprimer et vendre de grands posters pour faire de la figure de l'ex-président du Panama un démon qui rapportera beaucoup d'argent (*sic*).

L'histoire sous influence électronique

Qu'apporte l'audiovisuel électronique au récit?

D'abord du corps. La différence essentielle entre le langage écrit et le langage audiovisuel réside là: l'écrit était le médium du concept. L'audiovisuel — surtout à base d'électronique — sera le médium du corps. L'audiovisuel habille le corps, lui donne de l'épaisseur, de la répercussion, de la durée et du public.

Si, dans la définition de l'histoire en termes médiatiques, on a mis au premier plan les personnages et non pas l'idée ou l'argument, c'est que l'audiovisuel appelle la prépondérance du corps, c'est-à-dire du caractère, de la mimique, de l'intensité humaine des personnages. Si, dans le schéma de l'histoire, on a tellement mis en valeur le cadre, c'est-à-dire l'arrière-plan, l'atmosphère et les sentiments, c'est que la modulation électronique appelle une telle prépondérance.

Comparons un roman écrit et son adaptation au cinéma. La description d'un requin bondissant de l'eau pour happer la jambe d'une tranquille baigneuse jouissant de ses vacances va prendre plusieurs pages pour créer le suspense et l'émotion. Au cinéma, le soleil brûle, les corps étendus sur la plage disent l'insouciance, le mélange du bleu profond de l'eau et du maillot jaune plongeant et replongeant disent la liberté, les yeux bleus pleins de gouttes d'eau disent la soif de vivre. Or, dans ce cadre paradisiaque, on entend — mais le spectateur n'en a pas conscience — monter doucement une musique sourde et légèrement dissonante. Le requin est là, sous l'eau, monstre de l'inconscient qui bientôt jaillira pour détruire le paradis. Il aura fallu quelques instants pour rendre le drame présent mais, surtout, avec quelle intensité physique celui-ci va-t-il être présenté! Dans le roman, j'imagine. En audiovisuel, je vois, je suis là. Le sang coule, rouge dans l'eau bleue. J'entends les hurlements de panique et la sirène de l'ambulance. En un mot, l'audiovisuel électronique remplace l'imagination par la présence et, l'idée, par le toucher. Aux sentiments profonds, il ajoute un cœfficient d'émotion à fleur de peau. A la réflexion, il substitue le corps à corps.

Tandis que l'écriture livresque était plus séquentielle, l'écriture audiovisuelle sera plus brutale grâce aux combinaisons du son de la parole et de l'image. Physique, sensorielle, voire érotique ou tragique, son génie est d'induire plutôt le plaisir que la pensée, plutôt l'immersion que la distance.

Si on compare un manuel de morale avec les histoires ou contes moraux, que découvre-t-on? Dans l'écrit, l'éthique est présentée sous forme de problèmes, définitions, rapports scientifiques, propositions et discussions. Pas d'émotion mais de la rigueur et du raisonnement. En outre, cette morale, même si elle n'est pas abstraite, est du moins statique : les choses sont *mises à plat*. A l'inverse, dans l'histoire, on s'identifie à un personnage en mouvement, on rit, on pleure, on prend parti. Connaissance intellectuelle moindre mais plus grande attirance.

Au récit, avons-nous dit, l'audiovisuel apporte d'abord du corps, et ce, jusqu'à une certaine perversion de l'histoire objective sous le poids de personnages tout-puissants. Il apporte aussi la liberté dans l'écriture. Grâce à l'électronique, presque tout devient possible. Le déroulement linéaire de l'histoire : on commence brutalement par un dialogue, on revient en arrière pour expliquer, on accompagne le héros qui marche. Tous les raccourcis, tous les effets spéciaux, tous les décors sont ici permis. Il n'est donc pas étonnant qu'on en arrive aux ruptures de la petite histoire-chanson du clip : clip, qui signifie coupure, clip dans lequel l'unité est réalisée non par la logique des mots ou des figures mais par l'atmosphère d'ensemble et le fil ténu d'une chanson.

Entre ces deux extrêmes que sont l'écrit et l'audiovisuel, comment situer l'histoire dans le contexte des traditions orales ? Si l'audiovisuel peut être dit le médium du corps, le récit oral peut être appelé le médium de la gorge, ou mieux, le médium de l'âme, la vibration de la voix dans la gorge exprimant l'âme d'après les vieilles traditions sémites [45]. Ainsi, le rôle central dans l'histoire ne revient pas nécessairement au héros ou au dieu mais à celui qui le célèbre, c'est-à-dire au *conteur lui-même* dans son lien personnel avec le public. Irait-on alors vers une autre définition de l'histoire ? Pour la structure essentielle, non, mais pour les prépondérances, je le croirais volontiers : clins d'œil, inserts dans la vie du groupe, figurations traditionnelles etc.

Résumons nous :

- aucun langage n'est aussi apte à raconter une histoire que le langage audiovisuel ;
- en se racontant en audiovisuel, l'histoire garde sa structure fondamentale mais privilégie les personnages centraux, l'arrière-plan et la description des grands moments d'action ;
- le mode historique est si intrinsèquement lié au langage AV que sa dynamique et sa structure tendent à imprégner toute communication. Nous assistons à un saupoudrage d'histoire sur toutes les formes de communication.

Quelles conséquences pour notre culture ?

Une culture à base d'histoire

C'est du côté de la morale qu'on perçoit le mieux la valeur culturelle de l'histoire, morale étant entendue au sens général d'art de la conduite humaine, personnelle et sociale.

Alors que les Églises fulminent contre les dangers d'immoralité des films et contre l'invasion des vidéos super X, alors que certains vitupèrent contre l'abêtissement de la culture, n'est-il pas paradoxal de soutenir que la dominante-histoire porte à privilégier une dimension culturelle éthique ?

Mieke Bal, professeur à l'Université d'Utrecht, distingue cinq aspects dans l'art de raconter une histoire :

1 — l'histoire est une sélection. Le narrateur choisit les faits dont il parle : il accentue certains aspects, il en cache d'autres ;
2 — l'histoire est une structuration des faits. Le narrateur met de l'ordre et fait apparaître des liens. Ainsi, l'histoire constitue-t-elle un tout unifié ;
3 — l'histoire est une condensation. le narrateur en vue de dramatiser devra pousser en avant et développer des événements-clés ;
4 — l'histoire est la mise en forme à partir d'un certain point de vue. Ainsi, est-elle une construction humaine en vue d'une communication ;
5 — l'histoire est une interprétation. Le narrateur est un créateur de sens.

Il est clair, en reprenant ces cinq points, qu'il y a — intrinsèquement — dans l'histoire un facteur moral. Pas d'histoire sans fabrication de sens, et donc sans éthique. En outre, dans l'histoire les moments-clés sont des situations-limites dans lesquelles émergent, de manière parfois fulgurante, des poussées de transcendance. Ces moments-clés font émerger à la conscience des auditeurs des significations qui dépassent le train-train quotidien et amènent à poser les questions de sens de la vie.

Deux ressorts fondamentaux à l'histoire : le plaisir de se faire peur (thriller) — ce qui n'est pas nécessairement moral — et la recherche des buts et moyens, ce qui est intrinsèquement moral. Quoiqu'on en dise, dans les personnages de *Dallas*, l'adolescent va apprendre à se connaître lui-même et à connaître la vie. Non qu'il soit destiné à gérer des puits de pétrole au Texas, ça, c'est la musique... mais il doit gérer ses relations avec les parents, la femme et les enfants, son comportement matériel et amoureux, ses peurs et ses désirs. Ce feuilleton — si contestable soit-il — s'offre comme un livre de morale, c'est-à-dire de conduite de vie. Certes *Dallas* n'est pas *le livre* de morale : il est à l'étalage, au choix. Que le jeune soit friand de films et de chansons, que le public des cinémas soit en majorité jeune, voila qui est bon signe.

Dans cette moralité par l'histoire, trois aspects majeurs :

— l'identification,
— le mouvement vers une fin,
— l'évaluation des moyens.

Identification : ses fruits et ses aspects moraux sont bien connus : supplément donné à ses propres forces, élargissement des perspectives, éveil de soi pour le meilleur et pour le pire. En s'identifiant aux personnages des histoires, on en prend la force, mais aussi la direction, dieu et diable. La mythologie dira qu'on boit le sang des héros. Avec le risque de se faire illusion sur son propre sang ! Mais quoi qu'il en soit, s'identifier, c'est se moraliser.

Mouvement vers une fin: dans l'histoire, le héros poursuit toujours un objectif, il va vers un but. Il n'est pas un personnage dont on analyse la psychologie à travers une grille freudienne ou autre. Il est un voyageur, le plus généralement un voyageur qui va vers quelque accomplissement supérieur ou quelque paradis. Ce point est capital. En suivant *Indiana Jones* dans sa quête du Graal, on ne s'éveille pas seulement aux qualités du héros, on s'éveille au trésor qu'il cherche. Quel trésor? Ce peut être un trésor matériel, poudre ou savonnette de spots publicitaires, mais le plus souvent, dans les grands films et les feuilletons, le trésor qu'on découvre est un accomplissement de soi-même, qu'il s'appelle amour, liberté, dignité. Jean Gabin et Pierre Fresnay dans *La Grande Illusion* ne nous éveillent-ils pas à une qualité peu banale d'être humain? Isabelle Adjani dans *Camille Claudel*, Yves Montand dans *Jean de Florette*? On pourrait sans doute citer tous les grands films. Il en est de la dynamique des histoires comme de l'alchimie: l'or véritable qu'on découvre n'est pas l'or vulgaire des bijouteries, c'est soi-même, une autre dimension d'être humain, un accomplissement historique nouveau et plus vaste. C'est, en ce sens, que Walter Winchill écrit: «Les gens me disent que les films devraient mieux exprimer la vie réelle. Je ne suis pas d'accord. C'est la vie réelle qui devrait être mieux comme les films.»

L'histoire enfin est morale en tant qu'elle pousse l'auditeur à une évaluation: elle lui montre les tenants et aboutissants des options et actions des personnages. On s'essaye, on se mesure sur James Dean ou Alain Delon. On voit où mènent leurs désirs fous, leur jogging, leur insolence ou leur diplomatie.

Jamais claire, cette morale porte toujours le signe de l'ambiguïté humaine. N'est-ce pas ce qui en fait l'intérêt? On se retrouve soi-même, à l'intersection de choix incertains. On apprend le tragique de la condition humaine et comment le meilleur côtoie le pire. Parfois, des dialogues, l'auditeur retient quelques bribes. Dans la quête du Graal d'*Indiana Jones*, trois conditions sont nécessaires pour atteindre le Graal: se faire pénitent, marcher sur les pierres au nom de Dieu, franchir l'impossible gouffre en le croyant possible. Mille images, des phrases-clés, des proverbes, des bribes de chanson, des mélodies et rythmes habitent l'imaginaire et déterminent le comportement humain de manière subtile, souvent inconsciente, mais profonde. Les lois et les propositions claires, les raisonnements éthiques agissent autrement. A la manière des remparts qui ceinturaient jadis les cités, ils assurent protection et sécurité, ils définissent la cohérence interne et l'unité sociale. L'homme a certes besoin des deux formes de morale, mais celle des histoires est plus directement active.

Faut-il en déduire que la prédominance du genre narratif va faire éclore une génération plus morale? On peut seulement remarquer une centration sur les problèmes éthiques, écologiques, relationnels. La qualité de la vie ? Bref, une génération qui s'intéresse à la fin et aux moyens. Peu idéologique, peu systématique, elle se construit de mille histoires.

Enfin soulignons une caractéristique éthique particulière, engendrée par les médias : *morale sans frontières*. Grâce aux histoires qui nous viennent de partout par la radio, la TV et le cinéma, des rigidités et des emprisonnements éthiques s'effondrent. L'histoire, a-t-on dit, est le meilleur moyen de réaliser l'échange entre les cultures sans brutalité. Que des individus de groupes ethniques différents échangent leurs points de vue, ils en viennent vite à se comprendre et à s'estimer. C'est que l'histoire permet d'entrer doucement dans l'intimité des êtres, en expliquant à la fois le contexte et la solution.

Le réalisateur audiovisuel a le génie de créer des histoires, c'est-à-dire de jouer avec tous ces ingrédients qui gardent à l'homme son âme d'enfant et lui donnent la sagesse des vieux conteurs.

L'histoire est-elle le dernier mot de la culture ?

Quand le grand rabbin Israël Baal Shem Tov voyait le danger qui menaçait ses ouailles, il avait l'habitude de se réfugier dans un certain endroit de la forêt pour méditer. Alors il allumait un feu, il disait une prière spéciale et le miracle se produisait : le danger était écarté.

Plus tard, quand un de ses disciples, le célèbre Magid de Mezritch, avait à intercéder auprès de Dieu dans une situation similaire, il se rendait au même endroit dans la forêt et il disait : « Maître de l'univers, entends-moi ! Je ne sais pas comment allumer le feu, mais je connais la prière. » Et encore le miracle s'accomplissait.

Encore plus tard, le rabbin Mashe Leeb de Savov, pour sauver son peuple une fois de plus, allait dans la forêt et disait : « Je ne sais pas comment allumer le feu, je ne connais pas la prière mais je connais l'endroit et ça doit être suffisant. »

Puis il advint au rabbin Israël de Rizhn d'avoir à vaincre un grand danger. Assis sur sa chaise, la tête entre les mains, il s'adressa à Dieu : « Je suis incapable d'allumer le feu, je ne connais pas la prière et je ne sais même plus où se trouve l'endroit dans la forêt. Tout ce que je puis faire, c'est de raconter l'histoire. Est-ce suffisant ? » Et... ce fut suffisant !

Dieu a fait l'homme car il aimait les histoires.

VI

Mettre en jeu

L'histoire et le jeu constituent les deux formes principales du langage des médias. *Parler médias*, c'est parler en histoire et en jeu.

A y regarder de près, cependant, les jeux — au sens strict — occupent relativement peu de place dans les programmes, qu'il s'agisse de journaux, de radio ou de télévision. Difficile d'établir une statistique sur l'ensemble des médias. D'après nos observations et calculs, dans les années 90, on obtient en France une place de 5 à 10% maximum dans les programmes de télévision. Que signifie alors l'assertion : *parler médias*, c'est parler en histoire et en jeux ?

D'abord deux constatations qui marquent l'importance des jeux médiatiques.

Beaucoup d'argent — Beaucoup d'intérêt

Si vous n'avez pas d'argent, faites des jeux. Rien n'est aussi payant que le jeu, à la radio comme à la télévision. « Le loto, c'est pas cher, et ça peut rapporter gros ! ». Commentant ce slogan devenu populaire, J. Lesinge écrit : « ...le gagnant n'est pas toujours celui qu'on croit... Quand la bourse est vide, le jeu est un refuge et — pour les annonceurs — les refuges sont une manne. Tout le monde y trouve son compte. [46]» Pour les producteurs, le jeu est la forme d'émission la moins coûteuse. Pour les annonceurs, c'est la sécurité d'une bonne audience. Pour les auditeurs, c'est l'espoir du gain [47].

Relativement peu de place dans les médias, avons-nous dit, mais un maximum d'intérêt. Certains jours, le jeu obtient la plus importante cote d'écoute, dépassant même les informations.

Le jeu *Des chiffres et des lettres* ayant vu changé son horaire, *Antenne 2* reçoit des kilos de lettres de protestation et *Télé 7 Jours*, 30.000 lettres :

« On nous écrit de 7 à 77 ans de toute la France, de tous les milieux sociaux et pas un seul n'approuve la décision d'A 2 [48]. » Pareille fureur — inhabituelle en d'autres secteurs — pose question : serions-nous si attachés aux jeux ? Les médias nous intéresseraient-ils surtout à cause des jeux ? *La roue de la fortune* (*Wheel of fortune*), sur la chaîne NBC aux USA a une « écoute moyenne de 23 millions de fanatiques » : pourquoi ne pas en acheter les droits de reproduction pour la France, décor et méthode compris ? L'émission a 30 ans et elle est diffusée dans 50 pays. En France, très vite 10 millions de spectateurs [49] ! De tous les programmes, jeux et sports sont ceux qui soulèvent le plus de passion populaire. Les jeux seront aux temps de plus grande écoute, souvent locomotive des informations.

Que les jeux soient intéressants tant pour les spectateurs que pour les producteurs, nul doute. Pourquoi alors en trouve-t-on relativement peu dans les médias ? C'est qu'en fait — peu ou prou — tout est jeu dans les médias. La question n'est pas de calculer combien il y a de jeux dans les programmes de médias mais d'observer que les médias — particulièrement radio-télévision — sont un grand jeu. Ceci nous renvoie à un préalable : la définition du jeu.

Qu'entend-on par jeu ?

S'il est difficile de définir le jeu autrement que par une description, c'est qu'il tient à la peau de l'homme. Grande est la différence entre le jeu du petit enfant qui coule d'instinct sans but ni règles et le jeu d'échec des adultes, véritable casse-tête enchassé de règles et d'astuces. A n'en pas douter, le jeu dépend de l'âge, mais aussi du caractère des personnes, des situations et des cultures. Cependant, sous toutes ces variables, ne peut-on pas détecter quelque dénominateur commun, une sorte *d'essence du jeu* ?

Johan Huizinga, dans son ouvrage classique sur le jeu, définit celui-ci tantôt comme « une action libre, sentie comme fictive et située en dehors de la vie courante », tantôt comme « une activité volontaire, accomplie dans certaines limites fixées de temps et de lieu, suivant une règle librement consentie [50]. » Opposition ? Non pas, mais mise en évidence du caractère paradoxal du jeu. Le propre du jeu précisément est d'être un terrain frontière où s'entremêlent des aspects humains complémentaires et apparemment opposés : la liberté et la règle, le rêve et l'action, la domination et l'évasion, le hasard et la tactique, la connaissance et la chance, le rire et le sérieux. *Le jeu est frontière, exprimant l'aspect double de l'homme, raison et imagination, ange et bête.*

Décrivant les éléments majeurs du jeu, Huizinga notera ces aspects paradoxaux de raison et de déraison : l'effet de mystère allant jusqu'au saisissement et l'effet d'ordre allant jusqu'à la solennité, la représentation jusqu'au spectacle burlesque et la tension intime pour obtenir quelque chose, le réalisme des habiletés et la fiction qui nous débarrasse un instant du poids des autres et de nous-même [51]. N'est-ce pas précisément ce caractère de paradoxe et de passage de frontière qui constitue l'intérêt fondamental du jeu? En jouant aux courses ou aux dés, le joueur franchit les limites dans lesquelles il vit ordinairement. En donnant son nom pour les grands jeux télévisés, la candidate qui monte à Paris tente d'aller vers un ailleurs d'elle-même. Elle cherche à se dépasser, à devenir une autre... et, qui sait?... reine d'un jour! Quant à l'homme qui joue solitairement au jeu de la réussite, ne figure-t-il pas sa propre réussite?

Si on accepte cette interprétation, le jeu pourrait se définir comme un *petit thriller de passage de frontière en vue d'une surprise de l'autre côté.*

Le thriller est donné par les risques qu'on encourt en passant la ligne de démarcation entre raison et rêve, entre habileté et chance, entre réalité et spectacle. D'un côté, ce qu'on a et ce qu'on est, de l'autre, ce qu'on risque de ne plus avoir et de ne plus être. Ce mélange qui crée le frisson est bien montré dans la manière dont le magazine *Jeux et Stratégie* présente les différents jeux télévisés: à chaque jeu est accordé un cœfficient de chance, de tactique et de connaissance. Ainsi, pour *La roue de la fortune*, on a 40% de chance, 20% de tactique et 40% de connaissance [52]. En outre, pour chaque jeu, il vous est indiqué le prix à payer au départ: argent, concours, voyage à Paris, costume, etc. Quant à l'autre terre après la ligne de démarcation, elle est essentiellement une surprise, l'irruption d'une surprise dans l'ordre. Sans doute, on vous indiquera que vous pouvez gagner de 100 à 400.000 F et quantité de lots. Et ce n'est pas sans intérêt. Mais, ce que vous gagnerez réellement, nul ne le sait. Appelons-le apaisement, enrichissement, surpassement, honneur et gloire! Fondamentalement, c'est une surprise. Jouer, c'est se faire une surprise et, si vous la gagnez, vous avez vaincu le destin: voilà ce qui compte.

Comprenons bien: en fait, dans le jeu, ce qu'on joue, ce n'est pas 500 F. ou un voyage aux Antilles, c'est soi-même. Tout jeu est la représentation plus ou moins lointaine de la perte de soi-même pour gagner plus, pour être plus. Telle est la raison pour laquelle le jeu a tant d'importance et soulève tant de passion. Il exprime la lutte contre la banalité d'être, le destin et la mort. Dans le jeu comme dans l'amour, on se joue soi-même en osant passer par une petite mort. Les femmes des favellas de Rio travaillent toute l'année pour s'habiller de la robe qu'elles grilleront en une nuit de carnaval. C'est que la fête vaut plus que la réalité et que le jeu peut nous faire voler au dessus de ce que l'on est.

L'âme du jeu, c'est le frisson.

La pratique, c'est *une activité risquée qui — à l'intérieur d'un cadre — ne suit pas une logique uniquement linéaire et ouvre à une solution imprévisible.*

Les *principaux ingrédients* sont: le cadre, le spectacle, le passage risqué, la surprise, l'ordre et la déraison, l'imitation et le dépassement [53].

L'esprit du jeu, c'est cet ensemble diffus d'âme et d'ingrédients qui procure du plaisir.

Quel lien entre jeux et médias électroniques?

Y a-t-il un lien intime entre le langage audiovisuel et le jeu? Est-il vrai, par exemple, que la télévision est un médium essentiellement ludique? Ou bien doit-on penser que les jeux médiatiques ne font qu'exprimer, sous une autre forme, la vieille activité ludique de l'homme? Les jeux dans les médias revêtent-ils des aspects nouveaux? Font-ils appel à des désirs ou à des habiletés particulières? Dans le cas hautement significatif des jeux à la TV, peut-on déceler des ingrédients originaux, des impératifs de langage qu'on ne trouve pas ailleurs?

Je pense que les jeux — et mieux encore l'esprit du jeu — conviennent parfaitement aux médias électroniques. Et ce, pour quatre raisons principales:

— ils accentuent le «thriller» du jeu grâce à la modulation;
— ils accentuent la déraison et la surprise par les effets électroniques et le rythme;
— ils accentuent le spectacle par la mise en scène sonore et visuelle;
— ils rendent possible l'interactivité de masse.

Entre jeux et médias électroniques, on doit parler d'un rapport technique et non pas seulement d'un rapport de convenance humaine. Les médias électroniques, comme tels, rejoignent l'essence et les caractères fondamentaux des jeux.

D'abord par la modulation. C'est évidemment dans les salles de jeux électroniques qu'on perçoit le mieux comment les ressources électroniques rendent le jeu frissonnant et trépidant. S'il est un endroit où a été poussé jusqu'à l'exacerbation le caractère vibratoire de la communication électronique, c'est bien en ces lieux. Les salles de juke-box, c'est d'abord un *ground*. Essentiellement un arrière-plan et une structure de coups: coups sonores, coups de lumière, coups donnés aux boutons et aux manettes, sonnettes, gongs, flash. Le joueur est pris dans un environnement de vibrations rapides et cacophoniques qui créent en lui la tension et le stress. Il est immergé dans des images stylisées, brutales, violentes qui sollicitent la décharge nerveuse et l'évasion des réalités quotidiennes.

Dans cette excitation solitaire, se manifeste l'auto-érotisme: on s'éprouve. Et surtout on s'envole: à coup de sous, de répétitions et d'habiletés, on accumule les chiffres, on domine, on gagne enfin ce que, dans la vie ordinaire, on ne peut gagner. Et, pour augmenter ce sentiment de victoire et de conquête, bien des jeux racontent de véritables histoires dans lesquelles le joueur est invité à s'identifier au héros. Les jeux sur ordinateurs (ex. *Indiana Jones and the last crusade*) font apparaître le lien entre le cinéma, la vidéo et le jeu: ce dernier permet de réactiver l'histoire, non pas en rêvant comme lorsqu'on écoute le disque du film mais en s'impliquant dans l'action à coup de manettes ou de touches. Ce qui plaît apparemment le plus (dans les jeux vidéo) écrit F. Rousseau, c'est «faire des performances, se montrer actif, puissant dans un monde que l'on sait imaginaire [54].»

Entre les jeux électroniques et les jeux télévisés, la différence majeure réside dans les formes de modulation. Trois éléments méritent d'être relevés : le rythme, le spectacle et l'interactivité.

D'abord le rythme. Réagissant au jeu vidéo, des enfants disent : « c'est marrant quand les personnages sautent. » « J'aime quand ça bouge, parce qu'il faut se dépêcher des fois. » « J'aime bien les vaisseaux parce qu'ils tirent des missiles [55]. » Dans la publicité des jeux vidéo, on trouve : *scrollings à vitesse éclair* et *mémoire gonflable à 7 mégas* ! La transposition de telles expressions dans les jeux télévisés s'appelle vitesse et rythme. Quelle est la qualité première d'un jeu télé ? demande-t-on à Patrice Laffont, un professionnel de l'animation des jeux télévisés ? Réponse sans ambage : le rythme. Là encore, l'électronique aide : signaux lumineux, bruitage des 4 secondes qui défilent, buzzer fatidique, changement rapide de décor et d'image, variété des angles de vue et brutalité des changements de plan. Plus la télévision est développée dans un pays et plus les rythmes des programmes seront rapides.

Toutefois, ce qui — à notre avis — caractérise principalement les jeux télévisés, c'est la mise en spectacle pour la masse. Sur 70 candidats qui se présentent pour participer au jeu *Jeopardy*, quelques-uns seulement seront retenus à la suite de nombreux tests et examens. Critère ? Le spectacle. Le jeu est un grand show auquel tout concourt : animation, décors, cadeaux, candidats. « Attention, écrit une des participantes, nous sommes prévenus : si nous offrons un mauvais spectacle ou si l'un des candidats se comporte mal, l'émission ne sera jamais diffusée. » Car, bien sûr, pour assurer le succès du show, l'émission sera enregistrée à l'avance en temps réel. Lumière, chaleur, jingles, cadeaux, bravos, embrassades, émotion, applaudissements : tels sont les principaux ingrédients des jeux télévisés, autant dire du spectacle. Car, ici, le succès du jeu ne tient pas aux cadeaux, mais au spectacle. Le sommet de ces jeux-spectacles, ce sont bien sûr, les jeux Olympiques, l'événement le plus largement diffusé et partagé de l'histoire humaine. Michaël R. Rheal l'appelle « le rituel mythique mondial [56] ». Un dernier aspect des jeux télévisés mérite d'être signalé qui risque de se développer dans le futur : l'interactivité. L'extrême complexité des connexions électroniques rend possible le jeu de masse. Non seulement en regardant mais en participant réellement, et instantanément, par téléphone ou minitel. Le jeu *Les chiffres et les lettres* a engendré des centaines de clubs et des milliers de maniaques... Devant leur poste, les téléspectateurs jouent par procuration... L'interactivité, c'est le maître mot. Aux États-Unis, pour le *super-bowl*, finale de foot-ball américain, un certain rituel s'est instauré : installés en groupe devant la télévision, tout au long du jeu, on mangera un immense sandwich agrémenté de commentaires épicés !

A chaque média, ses jeux

Médias et jeux vont de pair. Comment ne pas remarquer qu'ils vont d'autant mieux ensemble que les attributs électroniques seront plus forts? Dès lors, à chaque média correspondent des types de jeux différents.

D'un côté, les jeux qu'on trouve surtout dans la presse, faisant appel à l'intelligence et à l'observation: mots croisés, charades, jeu des erreurs, etc. De l'autre, ceux que l'on trouve dans les salles de jeux électroniques et qui réclament un minimum d'intelligence, jeux de réflexe et d'adresse, violents et bruyants. Entre ces deux types de jeux, d'un autre genre encore, les jeux radio et TV, jeux de chance et de spectacle.

Insistant sur le caractère de spectacle des jeux télévisés, Machteld Kooj y retrouve les éléments d'une véritable dramaturgie [57]:
— l'ouverture, avec la présentation de tous les éléments,
— la mise en route,
— les crises,
— l'instant-sommet,
— le dénouement et la finale.

Pour cette dramaturgie, on aura comme dans le théâtre: les acteurs-(stars), le jury, le public, les protagonistes, les chanteurs (le ballet). A quoi s'ajoutent les conditions habituelles de toute représentation publique: la création d'un espace particulier, le prix à payer, la pression du temps.

Qu'en est-il du cinéma? *Stricto sensu*, on n'y voit pas de jeux. C'est que le film est avant tout une histoire à haute définition, si prégnante qu'elle ne laisse pas place aux divagations du jeu. Le médium cinéma ne provoque pas les mêmes effets ludiques que la télévision ou la radio. McLuhan l'avait testé. Avec des groupes témoins, il projetait le même film pour les uns sur écran vidéo, pour les autres sur écran cinéma. Or, après passage du programme, les réactions des groupes étaient assez différentes selon le médium utilisé. Que se passait-il? Dans le cas de la vidéo, l'image est tracée par un rayon qui balaye — j'oserais dire qui s'amuse — à grande vitesse derrière l'écran, et nous atteint directement, nous spectateurs, en faisant vibrer nos sens. Dans le cinéma, le faisceau lumineux n'est pas de même nature, moins mouvant, moins ondoyant, plus net et défini, il nous projette en quelque sorte sur l'écran en nous collant, fascinés, sur l'image. Regarder un écran TV, c'est jouer au rayon: vibration et interactivité sont les mots clés. Regarder un écran de cinéma, c'est plutôt absorber l'image: plaisir et imprégnation seront ici les mots-clés. L'effet de la télévision est plus sensoriel, à fleur de peau, l'effet du cinéma plus imaginaire et à longue trace. Comparant avec le vin, on pourrait dire: le film sur écran vidéo, c'est le Beaujolais Village de tous les jours, léger, amusant, piquant et stimulant; le film sur écran de cinéma, c'est le Bourgogne plus corsé, imposant, à effet profond et tenace. Le médium électronique, tel qu'il triomphe en vidéo-télévision — ou même en radio —, va susciter le jeu, au sens d'interactivité et d'implication dans le suspense.

Jeu médiatique et culture

L'utilisation des jeux dans la formation n'a rien de neuf. Récemment, dans la formation d'adultes, on a vu se développer des jeux complexes sur l'économie, le fonctionnement des entreprises et des collectivités locales : jeux qui combinaient habilement les méthodes ludiques et celles de groupe. J. Huizinga établit clairement, à la lumière de l'Histoire, la valeur culturelle du jeu. Selon lui, toute culture, au départ, est ludique. Mais cette affirmation vaut-elle encore pour les médias électroniques ? La réponse n'est pas simple.

Dès les années 80, de grandes maisons d'édition de livres scolaires et des firmes de production de matériel électronique se sont associées pour lancer dans le commerce des jeux éducatifs faisant résolument appel à l'interactivité et à la scénarisation [58]. Ces réalisations sont généralement fondées sur le même principe : relier les apprentissages fastidieux (l'orthographe, les mathématiques...) avec les attraits du jeu. Dans la *Chasse-aux fautes*, on est invité à détruire à l'aide d'un missile les mots contenant des fautes d'orthographe. Ailleurs, en connaissant les 4 opérations mathématiques de base, on peut se défendre contre une attaque d'envahisseurs. Bref, apprendre, c'est gagner. Astucieux ! Mais, apprend-on ainsi ? Plus profondément, cette utilisation du jeu médiatique est-elle compatible avec une authentique culture ? Selon J. Dewey, la manière d'apprendre compte plus pour le futur que ce qu'on apprend. Si l'assertion est juste, la manière d'apprendre avec des jeux électroniques ou télévisés est-elle véritablement formatrice ?

On connaît la réponse radicale de Niel Postman en ce qui concerne la télévision. Celle-ci « tourne tout en divertissement : des choses sérieuses, elle fait une mascarade ; elle supprime la pensée au profit de l'excitation sensorielle, surtout visuelle. Que jamais les écoles et les églises ne cèdent aux attraits séducteurs de la télévision. » L'expression de « télévision sérieuse », écrit-il encore, est en soi contradictoire... la télévision parle en permanence et uniquement par la voie du divertissement... la télévision est en train de transformer notre culture en une vaste arène pour le show-biz [59]. » Le problème, précise-t-il, n'est pas que la télévision nous offre des divertissements, mais que tous les sujets soient traités sous forme de divertissement [60]. »

A la télévision américaine, la durée moyenne d'un plan est de trois secondes et demie. Rapidité suscitée par le chatoiement même du rayon sur l'écran : à vitesse rapide du rayon doit en quelque sorte correspondre la vitesse des plans. Le spectateur effleuré par le rayon veut voir et ressentir de plus en plus vite. F. Giroud a raison quand elle écrit : « Le dernier bulletin de victoire de la télévision est sans bavure : elle a tué la lecture... Quand personne ne lira plus de livres, on pourra toujours transmettre des émotions par le film ou par la musique. Mais les idées, ça passera par quel tuyau, les idées ? L'abstraction ? Elles exigent l'écrit [61]. » N. Postman dira : « De tous les ennemis de l'enseignement à la télévision, parmi lesquels se trouvent la continuité et la complexité, le pire, c'est l'exposition... Tu éviteras l'exposition comme les dix plaies d'Égypte [62]. »

Inutile d'en ajouter. La télévision et, à fortiori, les jeux sont impropres à l'exposé systématique et nuancé des idées : l'excès de modulation conduit ailleurs. Voilà qui est acquis. En revanche — on l'a déjà dit — il est inadmissible d'assujettir la culture à l'exposé. Que ce dernier soit nécessaire, oui, mais il ne se suffit pas à lui-même. Le jeu s'avère non moins nécessaire. Il développe ces autres aspects de l'humain : l'esprit d'entreprise, le rêve, l'imagination, l'habileté, un subtil mélange de chance et de calcul, d'audace et de réalisme. Dans le jeu, et notamment le jeu électronique, on expérimente ses possibilités et ses limites. On apprend à dépasser l'angoisse, la panique, la pression du temps et la malchance. On développe une certaine *socialité* : la reconnaissance des règles et des rôles, le partenariat, l'art de dominer et celui de perdre la face. On apprend à prendre parti et à devenir par identification. On peut développer sa mémoire, élargir son intelligence, affiner son jugement. Dans la plupart des cas, on développera l'acuité de la perception et la rapidité de la réaction.

La stimulation électronique par les jeux n'est pas indispensable à l'être humain. Elle peut lui être bénéfique. N'est-il pas triste et pauvrement humain, cet homme strict et rationnel, sans audace ni grain de folie ? Dommage qu'il ne joue pas aux jeux électroniques ! Pour autant, on ne va pas s'installer dans la trépidation de tels jeux. Ce n'est pas parce que les jeux télévisés induisent à une pensée émotionnelle, analogique, fragmentée, globale et immédiate que la culture est détruite : c'est parce qu'on s'est installé dans ce type de pensée. Le jeu, a-t-on dit, est un passage de frontières : il y a culture quand on passe effectivement les frontières de la raison au rêve, du réalisme au spectacle, du calcul à l'imprévisible. La culture cesse ou du moins s'appauvrit dès lors qu'on s'immobilise d'un seul côté de la frontière. Et c'est aussi la fin du jeu, même si on joue à longueur de journée.

L'esprit de jeu

On a remarqué qu'entre la nature du jeu et les capacités de l'électronique, il y avait renforcement mutuel et parfaite complémentarité. Dès lors, plutôt qu'un secteur spécialisé des médias, on doit concevoir le jeu comme un esprit, comme une forme générale sous-jacente aux médias. Le jeu saupoudre tous les programmes de TV et de radio de ses rythmes et des manières.

D'abord, nombre de programmes — classés sous une autre rubrique que celle du jeu — pourraient fort bien être appelés jeux, à commencer par les sports : à cet égard, le terme de jeux Olympiques est significatif. Les compétitions, les courses, les concours sont des jeux. Comptons aussi les débats et les interviews de personnalités. Souvent, en cours d'émission, ne va-t-on pas solliciter le vote du public : l'interviewé a-t-il convaincu ou pas? A la fin du programme, les spectateurs auront les résultats du jeu. Mentionnons aussi ces grands shows politiques télévisés où s'affrontent les chefs de partis: comment ne pas penser à ces tournois du Moyen Age dans lesquels les camps adverses s'affrontaient par personnes interposées? Rappel des actions passées, vanteries, jeux de mots, phrases assassines longuement préparées, formules ciselées, gestes et clins d'œil, le tout réglé minutieusement par un meneur de jeux qui attribue à chacun son temps de parole. Après le duel télévisé Carter-Reagan, un journal titre en gros caractères : Avantage Reagan! Pourquoi? Au bout d'un moment, Carter avait les trait tirés, son maquillage fondait... On retrouve le spectacle de tauromachie: l'interviewer est le picador, la foule — par sa réaction — est le véritable arbitre. Plus que le contenu, c'est la forme qui compte et cette forme est celle d'un jeu de forces pour une victoire.

Au-delà des jeux eux-mêmes, au-delà des sports et des débats qui sont des jeux camouflés, remarquons comment les ingrédients du jeu émergent dans de nombreux programmes: le gag et la démesure, le rêve et le spectacle, le suspense et la surprise. Marcel Béliveau, réalisateur à Radio Canada, explique que pour l'émission *Surprise*, il cherche «tout ce qu'il y a de plus fou, de plus illogique.» Tel ce malade qui se promène dans les couloirs de l'hôpital ayant, collé sur le nez, l'instrument à déboucher les cuvettes de cabinet! N'est-ce pas du jeu? [63]

Dernier aspect, et non des moindres: les médias ont un esprit de jeu parce qu'ils ont un esprit d'humour et de rire. La modulation, surtout télévisuelle, porte à sauter, à chanter, à danser et non à s'angoisser. Sérieux, s'abstenir! C'est que le médium électronique appelle une communication à fleur de peau, un furtif rapprochement des corps et des vibrations. Il n'est pas naturel que ce premier contact soit d'abord sérieux, agressif, idéologique. Dans la première rencontre, on se serre la main et on se sourit. Les médias sont agréables, scintillants, rieurs: ils ont l'esprit de jeu parce qu'ils touchent discrètement le corps. Un professeur à lunettes, engoncé dans ses principes et ses mots, passe mal à la télévision parce qu'il touche la raison. Il n'a pas l'esprit de jeu.

Histoire et jeux: ces deux formes appartiennent fondamentalement au langage des médias parce qu'elles appartiennent au registre du plaisir et de l'imaginaire. Elles appartiennent aussi au registre du développement humain et de la culture. Nul doute que le jeu médiatique joue dans la société le rôle indispensable du grain de sable dans la machine trop bien informatisée.

VII

Mixer

Pour beaucoup — les littéraires en particulier — nous entrons dans une civilisation de l'image. Pour d'autres, particulièrement sensibles à la culture des jeunes, nous entrons dans une civilisation du son : walkman et rock n'roll en sont les signes. D'autres enfin feront remarquer que, malgré les pronostics pessimistes de quelques prophètes, Gutenberg se porte bien : l'édition est en hausse. Qui a raison ? Qui donc est en train de gagner ?

Je soutiendrai l'idée que le gagnant n'est pas celui dont on parle mais celui on ne parle jamais : le mixage. La culture qui monte est celle de la combinaison des trois. Constatation maintes fois répétée dans la formation : c'est en travaillant à la table de mixage que les étudiants ont le déclic et prennent le virus de l'audiovisuel. Au pupitre où on mélange les images, les sons et les mots, les cadres de notre vieux langage semblent éclater. On se ressent plus grand, au sens de plus cosmique. Et plus rigoureux, au quart de seconde. Des années d'école nous ont appris le juste usage des mots et comment jouer avec les nuances des adjectifs. Le mixage est l'art du langage total, plus difficile que l'art des mots. Le mixage est l'art suprême. Il est le sommet du langage audiovisuel et de la culture qui en découle.

Qu'entend-on par mixage ?

Le mixage existait déjà au temps des bougies : la lumière tremblotante se mêlait à la musique et aux décors. Les amphithéâtres romains relevaient d'une savante étude de l'œil et de l'ouïe. Mais quelle avancée avec l'électronique, au point qu'on a créé un outil spécifique dont le nom est console ou pupitre de mixage ! Sous ce terme, entendons d'abord les tables de mixage pour le son, avec leurs filtres et leurs amplificateurs, leurs effets spéciaux et leurs combinaisons telles qu'à partir d'une orchestration, on peut créer une autre orchestration. Entendons aussi les pupitres de mixage pour l'image grâce auxquels lumières, couleurs, rythmes, décors, mouvements, masses et lignes pourront subir mille truquages, corrections et mélanges. Triomphent ici les techniques vidéo : le générateur de caractères ajoute les mots, le TBC fignole l'image, la synchro recrée les rythmes, les entrées multiples autorisent toutes les combinaisons.

En partant des tables de mixage, on aboutit à une définition matérielle : opération par laquelle on combine plusieurs signaux. Le mixage variera selon les pupitres et les sources choisies. Au cinéma, il n'est pas le même qu'à la radio.

Au cours de ce chapitre, on prendra le terme de mixage dans un sens beaucoup plus large, voire plus philosophique : c'est qu'en cette opération plus qu'en toute autre on doit privilégier l'esprit humain sur le conditionnement technique. Le *mixage* n'est pas seulement une manipulation de boutons. Au point de départ, il est l'acte de tout être vivant ; au sommet, il est un acte de la sensibilité et de l'esprit. Définissons-le ainsi : *l'opération de l'être humain qui, à partir de pupitres électroniques, harmonise et intègre la multiplicité des conditions sonores visuelles et rythmiques en vue de communiquer un message*. Les appareils jouent à cet effet un rôle de facilitateur, mais aussi de correcteur et d'amplificateur.

Au point de départ, avons-nous dit, le mixage est le fait de tout être vivant. Pour curieux qu'il soit, un exemple caractéristique des opérations de mixage est celui du porc ! Il a la rare capacité de repérer et de faire entrer en lui mille nourritures, fouillant le sol de son groin énorme, ce qui équivaut dans la table de mixage aux entrées multiples et au choix des sources. En assimilant, il transforme, corrige et rejette, ce qui équivaut aux opérations de réglage, corrections et manipulations des filtres. En finale, il transmet un produit recréé fort appréciable : sa propre chair. Cet exemple illustre la spécificité du mixage, à savoir la re-création à partir d'un matériau divers. Il indique aussi que le mixage ne se fait pas tant par la tête et les mains que par le ventre. C'est du dedans de l'homme que s'opère le véritable mixage, de ce lieu indéfini que les anciens appelaient entrailles.

Évidemment l'être humain va infiniment plus loin que l'animal : pour bien mixer, il faut être un technicien. Pour très bien mixer, il faut être un artiste. Pour mixer de manière géniale, il faut être un technicien, un artiste et un créateur. Avant tout, le mixage est œuvre d'esprit.

Du mixage technique au mixage par le dedans

De même qu'on peut apprendre les bases de la cuisine à partir d'un livre de recettes, ainsi peut-on apprendre les bases du mixage à partir de quelques cours et d'un manuel de techniques. Affaire de technicien, avons-nous dit, mais ne sous-estimons pas un tel apprentissage : théoriser sur le langage des médias sans être passé par cette pratique électronique centrale est suspect. Qui n'a pas intégré dans ses mains les justes manipulations souvent sonne faux : il parle audiovisuel avec la sensibilité d'une autre langue.

Au point de départ, l'apprentissage des techniques concerne l'observation de quelques règles vite apprises : savoir *chuinter* ni trop vite, ni trop doucement, savoir accorder les rythmes sonores et visuels, savoir synchroniser sur les accents et non sur les idées, ne pas couper une réverbération, etc. Plus long et plus complexe est cet apprentissage qui consiste à savoir coordonner spontanément en soi-même les sons, les rythmes, les lignes, les paroles, les effets, etc. Il en est de la table de mixage comme de la conduite d'une voiture : le code et les règles sont vite mémorisés. Il faudra davantage de temps pour sentir le roulement de la voiture dans son ventre et ses pieds, pour coordonner avec exactitude la peine du moteur avec les changements de vitesse, l'adhérence des roues au terrain avec le volant ! Ainsi de la pratique du mixage, le problème est de savoir mixer du dedans de soi-même, par une sorte de sensibilité qui commande immédiatement aux mains sans détour réflexif. C'est dans les yeux et les oreilles que doivent être les complémentarités de couleur et de rythme, les transitions et les évanouissements d'image : c'est dans les connexions du cerveau que doivent habiter ces règles fondamentales qui se rattachent plus ou moins au nombre d'or de l'harmonie universelle.

Celui qui aura intégré les règles du mixage n'aura cependant jamais fini de se perfectionner et de découvrir de nouveaux chemins. Un ouvrage tel que *Sight Sound Motion* de Zettl montre à quel degré de sophistication et de complexité peut conduire ce langage [64]. Plus avant sans doute que le langage littéraire, car ses paramètres sont plus nombreux. Mais le plus important reste un *sens affiné*. De même qu'en cuisine une bonne formation se fait avec un chef, de même une bonne initiation au mixage se fera avec des réalisateurs et des professionnels. Sans doute ces derniers nous apprendront-ils des trucs et des tours de main mais — bien au-delà — ils éveilleront *le sens* du mixage. Quel sens ? Je l'exprimerais en désignant les quatre qualités qui font un bon mixage :
— le sens des complémentarités,
— le sens des nuances,
— le sens du rythme,
— le sens des possibilités électroniques.

Les complémentarités

De tous les sens à éveiller, le plus important est — sans conteste — celui des complémentarités. On connaît cette erreur de débutant ; un train passe, dit le présentateur. On entend le bruit du train. On voit le train passer sur l'écran. On a là trois langages qui se superposent pour dire platement la même chose. Au lieu d'un enrichissement, ennui et appauvrissement. Supposons au contraire qu'on voie en premier plan un homme couché dans l'herbe, près d'un viaduc, regardant son enfant qui lui fait signe derrière un arbre. « Ça passe si vite ! », dit le père. En même temps, on devine dans le fond le sommet du train passant sur le viaduc. Au niveau sonore, on perçoit le son lointain et rythmé du passage sur les rails mêlé au bruit de la rivière et des oiseaux. Tel est le mixage qui joue la complémentarité. Non pas redondance mais symphonie. Tous les éléments disent à leur manière : « ça passe ! »

Entre les diférents langages qui composent l'audiovisuel, on peut remarquer trois types de complémentarité :
— une complémentarité des temps, d'où une loi d'antériorité,
— une complémentarité des personnalités, d'où une loi de personnalité,
— une complémentarité des préséances, d'où une loi de prépondérance.

Pas question de donner ici un cours sur le mixage. Soulignons quelques aspects. D'abord la loi d'antériorité. Réalité complexe : *par loi d'antériorité*, on indique une sorte de priorité génétique, voire temporelle d'un langage sur l'autre. Le son vient avant l'image et l'image précède la parole. Sans doute, son, parole et image peuvent-ils apparaître au même instant dans un film, mais il existe dans l'ordre de nos perceptions une antériorité psychologique du son qui ne cesse de nous affecter : c'est que, dans notre développement personnel, nous avons d'abord connu par l'oreille (et donc le son), puis par l'œil (la lumière et l'image). Quant à la parole, que ce soit pour être comprise ou proférée, elle est arrivée en dernier lieu. Or, cet ordre qui fut celui de notre naissance à la vie demeure fondamental et en quelque sorte naturel.

Le Docteur Tomatis [65] — qui a consacré sa vie à l'étude de l'oreille et de ses implications psychiques — a reproduit sur bande les sons qu'entend l'enfant dans le sein de sa mère : le sang qui coule, la respiration, les bruits de digestion, l'écho étouffé de l'environnement. Telles sont les perceptions fondamentales qui ont enfanté en nous la connaissance. Le son — entendons par là ce mélange de bruit de mélodie et de rythme — est basique. Quoi qu'il en soit du moment de sa présence dans la production audiovisuelle, il représente l'avant-parole, le cadre, l'implicite et la condition. De tous les langages, il est le plus physique, le plus sensoriel et le plus cosmique. Même si, dans le montage, il n'apparaît pas avant l'image, du moins précède-t-il toujours la connaissance formelle à la manière dont la page précède toujours l'écriture. Impossible d'oublier ce fondement à l'instant de la conception et du mixage !

De toutes, *la loi de personnalité* est sans doute la plus importante. Comment définir la personnalité des 3 langages sans tomber dans la caricature ?

Habituellement, lorsqu'on fait le script d'un programme, on écrit le texte dans la colonne de gauche, au centre l'image et, à droite, les indications relatives au son. Exemple :

paroles	timing	images	son
“ ça passe si vite !... ”	000 0’8	• homme couché sur l’ herbe • enfant montrant sa tête derrière l’arbre (etc.)	• bruit du train sur les rails • intensité légèrement croissante • environnement : rivière, oiseaux.

Une telle façon de procéder, contraire à ce que nous avons appelé la loi d’antériorité, fait bien ressortir le principe qui aide le mieux à distinguer et à caractériser les différents langages : la connaissance explicite. Dans le script écrit, je mets immédiatement à gauche ce qui est le plus clair et le plus facile à repérer : le mot. C’est donc par rapport à l’ordre de la connaissance ou — mieux — par rapport à l’ordre de la compréhension explicite du message, que nous allons décrire la personnalité de nos trois langages. Mais attention ! Caractériser le mot par rapport à l’image est aussi difficile que caractériser l’homme par rapport à la femme. D’abord parce que les mots peuvent être concept, cri ou poésie ; les images, de leur côté, peuvent être symbole, impression pure ou information plate. En outre, chaque culture a mis sa marque sur la conception même du langage. N’a-t-on pas écrit : « le Français parle pour dire sa pensée, l’Arabe pour la déguiser et l’Africain pour faire plaisir [66]. » Dès lors, vu le nombre de variables, n’est-il pas présomptueux d’oser caractériser 3 personnalités de langage ?

Le lecteur saura prendre les notations ci-après avec humour et sans racisme : leur but n’est pas d’enfermer mais de faire apprécier des différences et des complémentarités. Pour nuancées qu’elles soient, ces notations ne sont pas dépourvues de base : elles sont fondées sur la nature physique des différents langages et sur leurs effets habituels. Prenons l’exemple de l’écriture du titre d’un film. Il est de la nature de la lettre de notre alphabet d’être le signe abstrait d’un son : user de tels caractères pour écrire un mot engendre une habitude d’abstraction, de conceptualisation. On peut certes aller à l’encontre de cette nature des lettres et des mots écrits, on peut s’amuser à faire des effets graphiques sur un titre en distribuant les lettres ou les mots dans un agréable désordre. Mais soyons conscients qu’en traitant les lettres de notre alphabet comme des images impressionnistes, on va à l’encontre de leur nature. Et ne nous étonnons pas si les spectateurs se plaignent de ne pas saisir clairement un titre qui — par nature — est destiné à être compris intellectuellement.

Le tableau qui suit indique les trois lois — ou trois aspects — de la complémentarité des langages. Au centre, la loi de personnalité. A dessein, la description est analogique. Quoi de mieux que l’analogie pour décrire

COMPLÉMENTARITÉ DES LANGAGES AUDIOVISUELS : LES 3 LOIS

	Son Bruitage - rythme Silence et musique	**Image** Lumière - couleur.	**Mot** Parole.
Antériorité	Je suis le premier-né. Nuit Je suis la base.	Je viens en second. Pleine lune sur le paysage. Aurore - Apparition Je montre le cadre. Je fais pressentir le mot.	Je viens en dernier. Soleil Je couronne le désir de voir par le savoir.
Personnalité	Je dessine l'espace global. Par l'environnement, j'indique la direction des choses. J'ébranle les corps et détermine la participation. Je suis émotion. J'éveille l'image au fond des êtres. Je prépare la lumière dans le silence de la nuit. (Je suis Africain)	Je donne à voir. J'apaise les terreurs de la nuit. Je suis la nature qui attend et le paysage qui change. Insaisissable et ambigu. Je suis oui ou non - Arabesque. Je prépare le mot sans jamais le dire et pousse le spectateur à l'enfanter. Qui me voit n'a jamais fini de chercher. Je suis le plaisir. Jamais vous ne pourrez mettre la main sur moi : toute vraie image n'est que façade. (Je suis Oriental).	Je dis : c'est ça ! Je suis la détermination. Je clarifie, j'accentue. Mon risque est de n'être qu'un mot sec et dominateur. Carré et idéologue. Ma vraie nature, c'est de devenir *parole*, fille du souffle et de la pensée. Parole : je suis l'âme quand, enfin, elle est née. En tant que mot. (Je suis Occidental)
Prépondérance	Si je conduis, je crée la participation : le silence et la danse	Si je conduis, je séduis. Je crée à la fois le plaisir des formes et le tourment d'aller au-delà.	Si je conduis, je crée la clarté.

des personnalités insaisissables ? Cette analogie qui est ressemblance, contiguïté mais aussi différence.

Le son est complexe : bruitage, rythme, mélodie, musique et silence. Le bruitage crée le lieu (cf. le chant du grillon, c'est la campagne) ou l'événement, (les coups de feu, c'est l'attaque, le meurtre). On ne ment pas avec le bruitage, il implique, il dit : on est dans telle situation. La musique passionnalise et sème la coloration affective propre : morne tristesse des immeubles de Krzysztof Kieslowski, angoisse avant le drame des films policiers, nostalgie de *Sound of silence*. Le rythme donne la vie, qualifie la vie selon le vieil adage : *vita est in motu*. Il est intéressant de noter que chaque production, chaque film a son rythme, un rythme lié au sujet. Plus intéressant encore de remarquer que chaque réalisateur a un rythme propre comme s'il ne pouvait s'empêcher de transmettre à son œuvre le style de sa vie intérieure. Le rythme, c'est le *beat* lié aux battements du cœur. Enfin, comment ne pas évoquer ce son particulier qui s'appelle le silence, non un vide, mais une ouverture tendue vers la voix qui parle ? *Un ange passe*, dit-on. Le silence survient aux grands moments d'intensité : bien préparé, il renvoie l'auditeur à sa solitude.

Quelles que soient ses formes, le son appartient au domaine du *ground* : il situe. *L'image*, quant à elle, et malgré son ambiguïté, a un cœfficient plus intellectuel : elle passe beaucoup moins inaperçue que le son et souvent se tient à l'avant-plan de la conscience. Les types d'image sont variés, liés ou non au mouvement, à la couleur et au rayonnement, mais il appartient en propre à l'image de plaire, de montrer et de conduire au-delà des choses. Dans le mixage, on jouera toujours sur les paradoxes de l'image : présence et mystère, réalisme et symbole, émotion et pensée, démonstration et ambiguïté. C'est à l'intersection de ces paradoxes qu'interviennent le son et la parole, pour renforcer, gommer ou compléter.

De *la parole*, nous devons dire qu'avec le silence — en mariage avec le silence — elle est la synthèse des langages, elle est le sommet. Mélange de modulation et de souffle, d'intelligence et de cœur, elle est tour à tour poésie et raison, liberté et rigueur. En dépit du lien intime entre les deux éléments, il faut soigneusement distinguer dans le mixage les propriétés spécifiques de la parole et celles du mot. La parole, c'est le mot dans la bouche de quelqu'un, mélange d'âme et de corps. En revanche, dans le mot, il y a essentiellement le corps, la précision. Les mots « forteresse de la pensée » dit le philosophe Hamilton. La parole n'a pas besoin de musique, mais plutôt de silence. Au contraire, le mot — par exemple, dans les documentaires — s'accompagne volontiers de musique, de cette musique qui lui manque pour être parole.

La dernière *loi* de complémentarité est celle *de la prépondérance*. Dans un foyer équilibré, père, mère et enfants ne parlent pas en même temps et tout le temps. A tour de rôle, l'un domine tandis que les autres se situent en position seconde, voire en silence complet. En outre, chacun parle selon ce qu'il est : quand la mère parle à ses enfants ou à son mari, elle impose la dominante de sa voix féminine et de son style. Il en est de même du langage dans la famille audiovisuelle : tour à tour, son, parole et image prennent le dessus et imposent leur personnalité à la séquence, ou au produit tout entier. Question de rythme et de temps de l'action : dans *Odyssée 2001*, pour créer l'ambiance, la musique du début impose sa personnalité annonciatrice claironnante et vigoureuse. Question de réalisateur aussi : les films de Woody Allen sont généralement assez verbeux, ce qui est bien typique de son caractère spirituel et littéraire.

Aberration que de vouloir les trois langages à égalité. Une telle égalité engendrerait redondance et ennui. L'alternance des dominantes est essentielle au mixage : elle indique la liberté de parole.

Pêle-mêle sont apparues ici les qualités de rythme, de finesse dans les nuances, de respect dans les complémentarités qui caractérisent l'art du mixage. Et l'électronique ? Qu'ajoute donc le petit dieu ? Des possibilités indéfinies. L'outil qu'on nomme console de mixage devient de plus en plus performant, non tant dans le mélange proprement dit que dans les corrections, les truquages et les prévisions. La gamme des effets spéciaux est illimitée, remplaçant peu à peu les décors compliqués et lourds à manœuvrer. Par dessus tout, l'ordinateur rend possibles des améliorations, des chuintements, des rythmes, des aménagements préprogrammés, et donc automatiques. Perdra-t-on en qualité humaine ce qu'on gagne en performance technique ? Possible. Il serait triste de passer de l'art suprême à la technique suprême. L'apprentissage technique du mixage deviendra certainement un métier de plus en plus complexe. Qu'un tel apprentissage ne masque jamais la vraie question : l'éveil intérieur de nos mixages cérébraux et affectifs, le développement de nos infinies possibilités de connexions et de corrections !

La culture qui naît du mixage

Hier, le dieu s'appelait micro, instrument de la parole toute puissante. D'autres l'ont appelé caméra, soulignant le raz-de-marée de l'image envahissant nos rues, nos maisons et nos cerveaux. Ici, nous l'avons appelé « pupitre de mixage », faisant apparaître l'irrésistible montée des langages multiples, de leurs connexions et de leurs transformations. Avec le mixage, vers quelle culture allons-nous ?

Dans la présentation, au musée des Arts de Séoul, d'une tour de 100 moniteurs de télévision fonctionnant simultanément, le réalisateur coréen, Nam June Paik, pionnier de l'art vidéo, s'exprime ainsi :

> Les communications à l'ère électronique sont des festins indéfinis, aux formes multiples... offerts aux masses... La communication (devient) carnaval et festival... Après l'oral et l'écrit, tout art sera lié à la vidéo... un art de lumière
> — aussi précis que Léonard de Vinci,
> — aussi libre que Picasso,
> — aussi coloré que Renoir,

— aussi profond que Mondrian,
— aussi courageux que Jackson Pollack,
— aussi lyrique que Japer Johns.

Telle est la perspective ouverte par la culture issue des pupitres de mixage électronique. Cette tour chatoyante l'exprime symboliquement. C'est une culture cosmique sous le signe des connexions indéfinies.

Cette culture naît à peine : on ne peut qu'en pressentir les traits. Nul doute que ce qui émerge d'abord du mixage, c'est l'ouverture des relations. En premier lieu, certes, le mélange des langues, commencement et préfiguration d'un langage mieux distribué. En mixant son, parole, image, en accordant à ces trois modes d'expression un statut propre et en les unissant librement en vue d'un message unifié, on brise en quelque sorte les barrières linguistiques fondamentales. On détruit en nous la prééminence occidentale des mots, on revalorise l'image orientale et le tambour africain. Comment éviter que naissent les peurs et les racismes ? L'électronique va trop vite à mélanger ce qui était soigneusement cloisonné depuis des siècles. Le mixage, lentement et souterrainement, redéfinit autrement les pouvoirs de la littérature, de la science et des états. La tour de Nam June Paik est une admirable parabole : d'un côté, elle évoque Babel, d'un autre côté, elle annonce une unité dans la diversité, unité grâce à l'alternance des rythmes et des prépondérances, unité grâce à la musique.

Jean-Pierre Dufreigne, dans un article intitulé *Nombril en péril* [67], décrit — non sans violence — l'épopée de Babel :

> En ce temps-là, à Babel, Dieu décida d'organiser le bordel universel. Il sépara les langues comme naguère les ténèbres et la lumière. A l'hébreu, il confia Sa parole. Au grec, la philosophie. Au latin, le droit. L'arabe calcula et nomma les étoiles. L'anglais inventa les termes de marine à voile. L'espagnol propagea la foi au bout de l'épée dans le monde entier. L'allemand annexa l'Autriche, puis Kafka. L'italien chanta à l'opéra. L'américain écrivit de vrais scénarios de cinéma. Au français échut la tâche la plus ardue. Sa clarté et sa précision en firent le moyen rêvé pour l'étude des replis du nombril. Les langues sont jalouses. Chacun grignota le territoire de l'autre. La française garda sa pureté originelle et persévéra dans la description exhaustive de l'ombilic national, considéré comme patrimoine culturel mondial...

Et si les médias mettaient définitivement ce « nombril en péril » ?

En parlant d'une culture cosmique, nous suggérons que le mixage non seulement mélange les langues et les pays mais plus profondément mélange en nous l'inconscient et le conscient, l'affectivité et la pensée, l'arrière-plan et la figure, bref ce qu'on a appelé le cerveau gauche et le cerveau droit. Sans doute aujourd'hui avec une prééminence du cerveau droit dû à la jeune invasion du son et de l'image, mais pour combien de temps ? L'ordinateur, avec sa réduction mathématique, ne va-t-il pas nous pousser à mettre de l'ordre, disons un meilleur équilibre ?

Nam June Paik laisse entendre que, demain, l'art sera un art de lumière. Qu'est-ce à dire ? Le mixage dans le théâtre antique mêlait des éléments matériels bruts : déclamation, décor, lumière du soleil, réactions de la foule. Un tel mixage était nécessairement restreint. Pour qu'il s'élargisse et s'amplifie, le matériau brut devra s'affiner, les consoles de mixage devenir plus performantes encore.

La culture qui naît aujourd'hui du mixage peut paraître un chaos tant l'évolution est brutale et grandes les possibilités. A long terme, si elle réussit, elle devrait apporter un enrichissement humain. Il faudra du temps pour que les mécanismes de mixage s'intègrent à notre système nerveux : rien ne se fera sans le temps des nuits. Par dessus tout, il faudra de l'esprit : pas d'intégration ni d'harmonie sans un développement de l'esprit.

La culture issue du mixage : art suprême ? Il y a dans le mixage quelque chose du chaudron alchimique et de l'ordinateur. Affaire de technique mais encore plus de patience et d'esprit.

D'après les anciens, créer pour Dieu c'est « faire à partir de rien ». Pour un homme, créer c'est mixer, rien de plus.

VIII

Une autre logique

Traitant de l'enchaînement des informations à la télévision dans *Media Speak*, l'auteur, Dona Woolfolk Cross, écrit : « Le langage des informations à la télévision est fragmenté, patchwork, « an-historique ». Les téléspectateurs ne sont encouragés ni à faire des liens, ni à forger des hypothèses. Une histoire suit l'autre sans aucune relation, ni avant, ni après [68]. » De son côté, Richard Salant, un des responsables de la chaîne NBC aux États-Unis déclare : « Nos reporters ne rendent pas compte des histoires à partir de leur point de vue : leur représentation se fait à partir du point de vue de personne [69]. » Cette absence d'angle de vue, cette fragmentation du discours, cettre rupture permanente de la continuité linéaire, ce mélange des plans de réalités et de rêve (cf. Fellini), ces flash-back brutaux, bref, ce qu'on pourrait appeler le style vidéo-clip a amené les critiques à diagnostiquer l'émiettement de l'homme. A force de recevoir des stimuli sans queue ni tête, à force d'écouter des messages sans lien les uns avec les autres, à force de voir les choses du point de vue de personne, la structure de l'être humain se désagrège.

Aboutira-t-on à une désintégration humaine à partir de l'incohérence du discours médiatique ? Ce discours est-il cependant si illogique ? Patchwork peut-être, mais le patchwork est-il sans logique ? N'y aurait-il pas plutôt dans le discours audiovisuel un type d'enchaînement dont nous avons peine à nous rendre compte et auquel l'éducation scolaire ne nous a aucunement préparés ?

Logique, le terme est-il pertinent ?

A la question de la logique, McLuhan avait répondu par une image, celle de la mosaïque. Dans un précédent ouvrage, j'avais suggéré une autre image, celle de la composition par *flashing* [70]. Sur l'essentiel, les deux images se rejoignent. La composition audiovisuelle n'est ni linéaire, ni didactique, ni historique: elle ne suit pas une logique déductive et rationnelle. Elle procède par à-coups, par petites pierres posées les unes à côté des autres sans ordre apparent mais secrètement organisées pour faire apparaître une image finale. Il y aurait en quelque sorte une préfiguration qui dirigerait les enchaînements. Pour juste et fondamentale que soit cette analyse, elle me semble néanmoins trop restreinte, insuffisante pour rendre compte du maquis des connexions dans le langage des médias. Qu'est-ce donc qui détermine l'ordre des petites pierres dans la mosaïque? Pourquoi d'abord cette pierre plutôt qu'une autre? Pourquoi ce coup de flash ici plutôt qu'ailleurs? On a parlé de logique du music-hall, de logique des sentiments. Vrai. Peut-on aller plus loin?

Dans la production audiovisuelle, souvent les débutants s'inquiètent: comment enchaînera-t-on les séquences? Comment passera-t-on de ce personnage qui s'énerve dans son bureau aux deux femmes qui se promènent le long de la plage? Ne vous inquiétez pas, répond-on, la solution viendra d'elle-même si vous maîtrisez l'atmosphère. Dès le début du scénario, créez le lieu et l'atmosphère, campez les personnages. Dès lors, les rails sont là et il ne vous reste plus désormais qu'à les suivre. Il en est de la composition audiovisuelle comme d'une conversation au restaurant: si le décor est bien campé, si la nourriture convient à la situation, si les relations sont définies, alors les coq-à-l'âne de la conversation n'apparaîtront même pas. Un lien intime et subtil préside aux enchaînements. Peut-on l'appeler logique? La logique désigne une science du raisonnement? Or, il y a là nulle raison! Entre le son grave et le son aigu, entre la modulation de basse fréquence et celle de haute fréquence, entre l'image d'un chameau et celle d'une montagne, il n'y a certes ni argumentation, ni vérité. Convenons-en, le terme de logique n'est pas pleinement satisfaisant eu égard à l'acception traditionnelle du mot. Cependant, derrière le terme de logique, n'y a-t-il pas *logos* (parole), laquelle parole ne se réfère pas à la seule vérité intellectuelle. Remarquons aussi que, selon le mot de Bossuet, «le rapport de l'ordre et de la raison est extrême.» Vérité et harmonie, vérité et beauté, vérité et accomplissement humain vont de pair: les logiques, pour différentes qu'elles soient, suivent un ordre analogue.

Dans cette réflexion, si j'ai choisi le terme fort de logique, c'est pour suggérer que — dans le discours médiatique — il n'y a pas incohérence des parties entre elles mais un véritable enchaînement, et un enchaînement justifiable. Par *logique médiatique*, on entendra un *enchaînement cohérent des éléments et des formes du discours en vue d'aboutir à une stimulation agréable des récepteurs*. Un tel enchaînement centré sur l'audience est *commandé principalement par les exigences du médium* (d'où la logique de modulation) *et par celles du commerce* (d'où logique commerciale). On l'aura compris, une telle logique est complexe. Échappant à la raison et à la science, elle ne leur est cependant pas étrangère. Elle touche à l'esthétique et à la psychologie, aux lois du corps et de la pensée, à la politique et à l'économie.

La logique de modulation

Pourquoi ne pas parler simplement de logique affective ou de logique de l'imaginaire ? Précisément pour ne pas réduire une fois de plus les médias à une suite d'émotions et d'images telle qu'étudiée au début du siècle par les psychologues. La spécificité des médias, c'est le lien des images et des sons aux impulsions électroniques. L'image de la télévision ne peut être séparée du rayon lumineux qui impressionne notre cerveau de manière aiguë. Au-delà des images mentales, les vibrations sensorielles propres aux médias sont si intenses et spécifiques qu'on ne saurait les mettre entre parenthèses dans les processus d'enchaînement.

Pour faire comprendre mon propos, j'oserais comparer la télévision ou la radio aux drogues hallucinogènes. L'enchaînement des images a quelque chose à faire avec la drogue elle-même. Aujourd'hui, les peintures des expositions d'avant-garde font clairement apparaître que le message est d'abord sensation : *Oil on a canvas*, lit-on souvent au bas des tableaux. On devra donc considérer ici cet enchaînement particulier qu'est celui des rythmes et des tonalités, du volume des sons et de leur hauteur, des intensités lumineuses, de la balance des blancs et des couleurs, bref de tous ces facteurs physiques qui sont intrinsèquement liés aux images et aux sentiments dans le langage des médias.

En quoi consiste la logique de modulation ?

Le terme qui conviendrait sans doute le mieux ici serait celui d'agglutination autour d'un pôle.

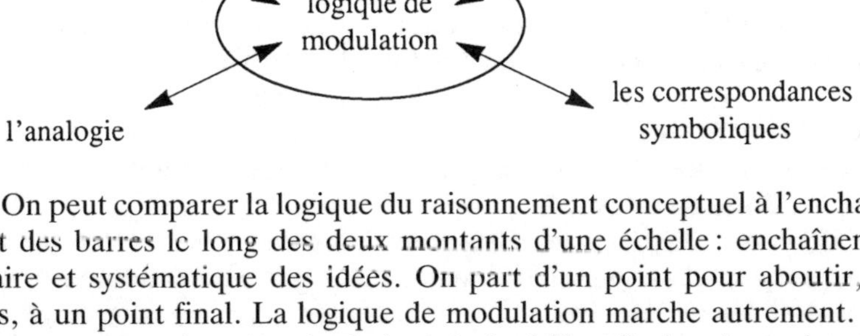

On peut comparer la logique du raisonnement conceptuel à l'enchaînement des barres le long des deux montants d'une échelle : enchaînement linéaire et systématique des idées. On part d'un point pour aboutir, pas à pas, à un point final. La logique de modulation marche autrement. Elle peut se comparer à ce jeu de design où des billes d'acier s'organisent par paquets sur un bloc aimanté. Les billes s'agglutinent, s'entremêlent : il est évident qu'elles ne se placent pas selon quelque ordre tenant à leurs propriétés comme ce serait le cas, par exemple, si elles suivaient leur ordre de grosseur. En outre, une quelconque circonstance extérieure comme le déplacement du bloc ou un toucher du doigt sur le bloc peut perturber complètement la configuration et donc changer les connexions établies. Ainsi en est-il de la logique audiovisuelle. D'un côté, les images, les sons, les séquences s'organisent, s'enchaînent essentiellement par attraction vers un pôle. D'un autre côté, cette organisation peut être bouleversée par le doigt du réalisateur comme par l'irruption d'un élément nouveau, telle l'arrivée d'une dépêche au cours des informations télévisées.

Polarisation par le ground et le dénouement

Quels sont ces pôles qui enchaînent secrètement images et sons ? Le premier est celui de l'arrière-plan, ce fameux *ground* dont on n'a cessé de parler au cours de ce livre. Ce pôle est d'une importance capitale : *campez le décor, créez l'atmosphère et les enchaînements se feront d'eux-mêmes*. A condition de rester *in*, les éléments du discours se mettront en place par convenance avec le terrain et par une sorte d'adaptation spontanée à la structure et à la situation. Certes le doigt du réalisateur peut intervenir, mais alors qu'on ne l'oublie pas ! Il devra secouer la situation, voire changer le décor.

Un autre pôle est celui du dénouement. *Les éléments du discours se coordonnent ici par morceaux qui s'emboîtent les uns dans les autres en vue de précipiter plus dramatiquement l'issue finale*. Le pôle du dénouement fait apparaître qu'un secret dessein poursuit les êtres à travers les péripéties d'une action entre le destin et le courage, entre le hasard et le combat.

Le film *La captive du désert* de Depardon fournit un excellent exemple de notre théorie, tant le *ground* y est important et simple le dénouement. Le *ground*, c'est l'implacable désert qui commande les interminables défilés d'une caravane de gauche à droite, la monotonie des bruits de pas sur le sable, la régularité fatidique du soleil qui se lève et se couche. Lié à ce pôle du terrain, l'autre pôle qui est l'attraction du dénouement. Dans la caravane, le personnage central, S. Bonnaire, sera située de telle manière que ses moindres gestes, ses mimiques, ses actions, ses vêtements et ses chansons font pressentir l'instant final du drame. Dans le film de Robert Altman sur Van Gogh et son frère Théo, à travers les brusqueries et les colères du début, on voit se dessiner en filigrane le génie et la déchéance de la fin. A mesure que celle-ci approche, on ne peut que noter la précipitation des éléments : *ça devait arriver* !

Intéressant d'étudier les films sous l'angle de cette dialectique entre le pôle du *ground* et celui du dénouement. Le génie du réalisateur consiste à organiser les enchaînements à l'intérieur de cette double polarisation : d'un côté, la terre, la situation, les personnages ; de l'autre, l'image finale.

Mais, pas question pour lui d'abandonner ces polarisations : il quitterait la vie du corps, le bouillonnement des sens pour tomber dans une dissertation illustrée.

Polarisation par l'analogie et la correspondance symbolique

L'attraction du *ground* et du dénouement n'explique pas tout. Il est d'autres attractions plus intérieures au discours lui-même : des affinités entre certaines images, certains mots ou certains sons. Ces liens subtils, je les nommerais enchaînement par analogie ou par correspondance symbolique. *Analogie* : entendons par là ce *fonctionnement par petits bouts de réalités qui s'appellent et s'accrochent les uns aux autres grâce à quelque similitude*. Ainsi, dans le film de Krzysztof Kieslowski, *Le Décalogue*, l'actrice éprouvant l'angoisse de la mort va-t-elle arracher une à une les feuilles d'une plante verte. *Correspondance symbolique*, entendons par là cette *corrélation entre les couleurs et les sentiments, les sons et les émotions, les rythmes et les formes*.

Le plus souvent, analogies et correspondances symboliques vont de pair. Ainsi, dans *Rêves* de Kurosawa, deux érections : d'un côté, le cône vertical du Fuji-Yama et, de l'autre, l'élévation de l'explosion atomique. Ou encore, l'embrasement de la montagne et l'envahissement de la couleur rouge ; le vent qui soulève les détritus et les vagues de la mer. A la fin du film, au village des moulins à eau, on retrouvera les mêmes couleurs fondamentales, la même atmosphère, la même attitude réceptive qu'au début du film avec le rêve des pêchers en fleur. Dans les films de Fellini, la mimique excessive des imposantes femmes italiennes s'alliera aux situations abracadabrantes, nées de l'imagination du maestro.

Au sommet de cet enchaînement d'analogies et de symboles liés aux vibrations sensorielles, comment ne pas évoquer les vidéo-clips ? Le clip représente la forme extrême de la logique de modulation. Correspondance des personnages et du décor, de la musique et du vent, de la chaleur et de la passion, et même du rock et du chant grégorien dans le groupe *Enigma*. Impossible d'en rendre compte rationnellement. Une constatation cependant : le foisonnement des analogies et le surgissement des correspondances apparaît particulièrement chez les réalisateurs visionnaires. Si les êtres à dominante affective et imaginaire sont plus doués pour le langage audiovisuel, c'est qu'en eux rêve et réalité s'interpénètrent, émotion et présence au cosmos s'appellent.

Comment les liens d'analogie et de correspondance symbolique se prennent-ils ? Plutôt la nuit que le jour ; plutôt dans les temps d'intense émotion que dans les occupations journalières. C'est alors qu'émergent les archétypes, les pulsions, les souvenirs personnels, se mêlant à l'humeur du moment, à la météo, à tel deuil ou problème familial. Tous les éléments disparates semblent se brasser dans l'imaginaire : les similitudes se rapprochent, les différents aspects de la réalité s'estompent. Puis, à un moment, tout devient lisse, chaud et transparent, parfois même fulgurant. Les sons, les émotions, les vibrations, les couleurs, les objets prennent la même âme. Ainsi se prennent les liens, par une sorte de parenté et de cohérence d'ensemble entre les êtres, les choses et les situations.

La logique commerciale

Communication = commerce

Dans le film d'auteur — et le plus souvent dans l'art — la logique qui prédomine est celle de la modulation. Aujourd'hui, le film d'auteur se fait rare : pour un film à grand budget, il n'y a pas un réalisateur, mais plusieurs. Et chacun d'éplucher le scénario : telle scène, tel dialogue, tel geste, tel personnage conviennent-ils au public ? On entre là dans une autre logique, celle du profit, de l'interêt, du marketing, bref, du commerce. Par *logique commerciale*, entendons *un enchaînement des éléments du discours commandé par les intérêts complémentaires des personnes : émetteurs, acteurs, récepteurs.*

Au cœur de cette logique, la communication. Au sens le plus basique de *faire commun.* Faire commun des personnes, mais aussi des choses, des biens, des intérêts. De nombreux critiques et romanciers se sont appliqués à dénoncer les ambiguïtés, les malversations, les effets pervers des communications médiatiques [71]. Que celles-ci soient au service de la communication proprement humaine, rien n'est moins évident. Indéniablement, elles mettent en commun certains besoins des spectateurs (plaisir, détente, culture, information, stimulants, etc.) avec d'autres besoins des émetteurs (profit, célébrité, considération sociale, accomplissement personnel, etc.). En latin, communication signifie à la fois commerce et relation. La logique principale des masse-médias relève d'une logique du commerce, c'est-à-dire de l'intérêt mutuel.

Quel est le raisonnement ?

« La télé, c'est le monde, écrit Claude Sérillon, mais ce qui intéresse, ce qui fait de l'audience, c'est plutôt moi... Beaucoup d'émissions, dites de société, fabriquent ainsi des figures, des riches et des pauvres, des pas-de-chance et des sauvetages, à coups de recherche de silhouettes comme pour la distribution d'un film. Il nous est arrivé de *raisonner* (c'est nous qui soulignons) ainsi en préparant quelques magazines. Il nous fallait le bon et le méchant, celui qui passe bien et celle qui risque de pleurer, le cri de rage et l'instant d'émotion [72]. » Ce journaliste de télévision dit bien : il raisonne. Et ce raisonnement est simple : quels choix dois-je faire pour capter des auditeurs et les retenir à mon émission ? « Concrètement, me confiait le directeur d'une grande radio, nous ne poursuivons qu'un but, celui de battre l'autre grande radio concurrente.» Ainsi, le calcul de l'audience règle le choix des programmes et, à l'intérieur de ceux-ci, l'ordre des éléments du discours.

Dans nos sociétés libérales, cette logique de communication prend une allure de dictature. «Didacture de l'audience» avait écrit Kierkegaard à propos du journalisme. Le récepteur devient maître souterrain de l'enchaînement des séquences. C'est lui qui est dans la tête du réalisateur et, à fortiori, du producteur: toute émission de radio et de télévision s'adresse à une catégorie d'audience dont on aura répertorié les goûts et le style. A l'enfant, le style pub, nerveux, rythmé, violent. Aux écoutes féminines de l'après-midi, les séquences plus longues, intimistes et émotionnelles des *soap operas*.

Programmer, a-t-on dit, c'est avoir du flair. L'enchaînement des plans, le rythme, le découpage du discours, est question de flair. Et le flair est une relation si intime avec l'audience qu'on doit présumer à chaque moment de son état psychologique.

Les maîtres du lien

Dans nombre d'émissions d'informations ou de variétés, à la radio et à la télévision, le personnage-clé de cette logique est le présentateur. Il incarne le lien, et il le construit. En télévision et en radio, le maître du lien est tout naturellement un bon *modulant*, c'est-à-dire un bon *synchronisateur* des vibrations. La télévision a le génie de sculpter son visage: il devra être beau, séduisant, à la fois présent et sublime. En tant que récepteur, quand je l'écoute, je réagis physiquement, de façon émotive. Quelle logique alors? Celle de deux corps, de deux sensibilités qui se rencontrent. Un tel présentateur influence profondément et durablement son public en le faisant entrer dans la logique d'être ensemble. Pas étonnant que ces dieux de la télévision soient payés cher: ils incarnent la relation, ils *font le commerce*.

Outre les présentateurs, les réalisateurs ou rédacteurs en chef peuvent être dits les principaux détenteurs de la logique de communication. A leur école, on apprend les mille procédés de cette logique. Citons-en quelques-uns:

— Au début, tu donneras une présentation claire et dramatique pour éveiller le désir. Campe des images qui fixeront l'imagination.

— Tu iras du particulier à l'universel, des intérêts primaires aux intérêts généraux.

— Tu seras émotionnel dès le départ. Une idée claire qui ne touche ni la sensibilité ni la curiosité passe mal. *Il faut chauffer la salle*.

— Tu changeras de rythme en fonction des attitudes supposées du public. Une séquence de rock est parfois nécessaire après une promenade sur l'eau. N'aie pas peur des coupes brutales. Tiens l'audience en haleine: la monotonie est le pire ennemi.

— N'oublie jamais que la règle de la logique audiovisuelle est l'unité d'expérience des spectateurs. Tout est permis pourvu que le spectateur ne sorte pas de l'atmosphère ou du suspense.
— Si tu veux convaincre, ne brutalise pas le public en heurtant de face ses opinions. Tu aurais l'effet *boomerang*. Les médias électroniques marchent au sourire, non à la bombe.
— La logique élémentaire du scénario est à 3 temps : tension, sommet dramatique, détente. Si tu veux intéresser, multiplie cette logique.

L'art oratoire connaît ces procédés. Toutefois, dans les médias, les idées ont moins d'importance que dans le discours. Ceci compte avant tout : les bons rapports sensoriels et émotionnels entre émetteurs et récepteurs.

Comment fonctionne l'adhésion ?

Au bout d'un raisonnement intellectuel juste, l'intelligence est conduite à adhérer en reconnaissant la vérité de la proposition. Qu'en est-il de la logique médiatique ? Qu'est-ce qui fait croire au message ? Qu'est-ce qui entraîne l'adhésion ? Dans la foire des produits, qu'est-ce qui fait acheter celui-ci plutôt que tel autre ? Plus précisément, pourquoi tel programme, tel présentateur me convainc-t-il ? Outre l'intelligence, le corps tout entier et les relations jouent ici. Bien naïf qui répondrait à la question de manière catégorique tant les variables sont nombreuses, en particulier dans le message lui-même. Il suffit d'un mot, d'un point, d'une couleur pour faire basculer dans telle ou telle direction. Du point de vue du récepteur, que se passe-t-il en lui pour qu'il adhère ou non, pour qu'il aime ou non ?

A propos du feuilleton *Dallas*, et de certaines pulicités télévisées, j'ai interrogé un certain nombre d'enfants et d'adultes sans grande culture scolaire. Leurs réponses me conduisent à trois observations :
— Le public — même peu cultivé intellectuellement — réfléchit, mais non de manière discursive.
— Sa réflexion s'élabore principalement à partir de considérations morales et sociales. Par morale, j'entends les considérations qui touchent à l'orientation personnelle de la vie en fonction de buts et de valeurs. Par social, j'entends les considérations qui touchent à la reconnaissance individuelle par autrui et au statut dans la société.
— La réaction d'adhésion ou de refus provient fondamentalement d'une sorte d'orientation interne aux personnes, comme si celles-ci possédaient au fond d'elles-mêmes une faculté de discernement qui fonctionne à la manière du goût par rapport aux aliments. Sorte de pré-jugement global, de nature plutôt affective et contextuelle.

C'est à partir de ce point intime que se détermine habituellement l'adhésion sans être d'ailleurs toujours consciente et volontaire. Intuition, rumination seraient des termes assez appropriés pour décrire ce processus.

Deux cas doivent être distingués:

— S'il s'agit d'une adhésion superficielle, elle naît d'ordinaire à partir de besoins ou d'intérêts, eux-mêmes superficiels. L'instance intérieure opère un tri immédiat: celui-là, je ne l'aime pas; cela, je le veux. L'expression populaire indique bien le caractère quasi physique et irrationnel de cette apréciation: «un tel ne me revient pas», «je ne peux pas le piffrer». Affaire de nez! Il s'agit au fond d'une perception de convenance entre deux êtres ou deux styles, entre un objet et une personne. Une réflexion peut suivre, d'ordre pragmatique, social. Elle ne va pas loin: on est au super-marché.

— En revanche, s'il s'agit d'intérêts profonds, d'adhésion à des causes qui touchent l'orientation de la vie, le mécanisme est identique, parfois même rapide, mais il diffère en ceci qu'il fait appel à des ressorts plus intimes. Le grand motif — le seul motif — qui est alors capable d'entraîner l'adhésion, c'est la cohérence entre le message des médias et *l'image interne*. L'adhésion se produit quand l'image interne fait «tilt» avec le programme ou les personnages médiatiques. Que doit-on entendre par image interne? D'autres diront «instinct intérieur» voulant marquer par là le caractère primitif et fondamental de cette instance. *L'image interne* peut être considérée comme une tête chercheuse à l'intérieur de nous-même. Elle *comprend tout à la fois les archétypes qui sommeillent en nous, l'organisation que nous avons faite de nous-même dans le passé et les exigences de la situation présente*. Ces trois éléments s'agitent en nous et appellent, cherchant en permanence des solutions qui satisfassent les besoins d'identité, de sens et de développement. C'est leur configuration à l'intérieur de nous-même que je désignerais sous le terme d'image interne.

Dans cette optique, on peut comprendre que l'analogie vaille mieux qu'un raisonnement, l'image mieux qu'un discours. En Occident, on entend dire que l'analogie ne prouve rien, que le symbole ne démontre rien. L'Oriental a une saisie différente des réalités: pour lui, une bonne analogie prouve mieux qu'un raisonnement. C'est que l'analogie fait apparaître dans notre psychisme ce qui est cohérence ou incohérence, harmonie ou rupture. L'analogie n'est pas qu'un simple exemple extérieur pour faire comprendre intellectuellement, elle est *l'expression de la continuité des choses et des êtres*, elle manifeste l'unité du cosmos, le rapport et l'interpénétration de tout. S'il n'y a pas analogie, l'argument rationnel est sans valeur: l'auditeur restera passif à moins qu'il ne ressente quasi physiquement l'incohérence. C'est sous ce mode analogique, symbolique que fonctionnent les médias. A l'orientale. La conviction s'opère quand *on est sur la même longueur d'onde*, quand il y a harmonie entre l'image interne et l'image externe.

Logique des médias et culture

Quelle culture peut naître de la logique des médias?

Comment cet enchaînement douteux, procédant par agglutination et par clins d'œil, fonctionnant par réaction à l'audimat et par séduction pourrait-il favoriser un véritable accomplissement humain? «Le but de la culture, c'est la pleine réalisation de toutes les virtualités humaines», écrit le philosophe J. Lacroix [73]. » Je pense que la logique des médias ne développe pas pas toutes les virtualités humaines mais certaines virtualités quelque peu délaissées par la logique discursive.

Au raisonnement intellectuel appartient le privilège de conduire à la vérité. Son ordre est celui de la connaissance. A la logique de modulation et de commerce appartient le privilège de conduire au bien et au bon. Son ordre est celui du comportement. Ce qui survient par les médias n'est pas tant une formation de la pensée qu'une transformation des attitudes, des croyances et des mœurs. La publicité sur le port des ceintures dans les voitures n'aboutit pas à des idées mais à un changement d'opinion et de comportement: n'est-ce pas important pour la culture? Que dire alors des émissions politiques ou culturelles? Qu'on songe à la «révolution tranquille» du Québec dans les années 60, révolution que les observateurs attribuent unanimement à la télévision.

Personne n'est assez naïf pour croire que les raisonnements — même justes — conduisent infailliblement à la vérité. A fortiori, personne n'ira croire que la logique médiatique — même bien agencée — conduira vers le bien et le bon. Elle conduit vers le meilleur et le pire. La question est donc de savoir quelles sont les chances et les risques d'une telle logique pour la culture.

La mise au large

Première chance et premier danger: la mise au large.

Voyageant en Pologne en 1991, des responsables locaux me résumèrent ainsi la situation: «avant, on n'avait rien à acheter, mais on avait de l'argent. Aujourd'hui, on peut tout acheter mais on n'a pas d'argent. Demain, on pense qu'on aura de l'argent et qu'on pourra tout acheter. Alors, la question sera: que choisir?» Bon exemple qui s'applique au langage des médias. La logique de modulation et de commerce nous a mis au large. Elle nous a décoincés d'une logique trop prépondérante et linéaire, celle de la raison raisonnante. Nous voici dans une logique de centre d'achat: tous les produits sont là, étalés, étiquetés, plus ou moins en promotion. Il appartient au client de choisir à partir de ses intérêts, c'est-à-dire de ses besoins, de ses goûts et de ses possibilités. La logique linéaire nous conduisait vers un but, la logique d'étalage nous renvoie à *nous-même*: qu'allons-nous choisir dans la foire aux idées, aux croyances et aux produits?

Mise au large, développement de la liberté de choix, étendue des capacités individuelles, qui ne voit les chances? Mais ou cela mène-t-il? Bernard Pivot, dans ses *Réponses à Pierre Nora* [74], s'échauffe soudain quand il aborde le thème du zapping:

> (...) je tiens l'appareil à zapper, la télé-commande, pour l'une de ces inventions qui ont modifié (...) nos manières, notre psyché. (...) Le zapping (...) c'est d'abord, (...) le don d'ubiquité. Il suffit d'appuyer avec son pouce sur des boutons pour passer d'un western à une émission politique en direct de Matignon, d'un match de rugby en Nouvelle-Zélande à un clip de rock, à un téléfilm qui se déroule en Provence ou à un jeu dans un studio des Buttes-Chaumont. On est partout en même temps ou presque, on fonce d'un lieu à un autre, on saute d'une histoire à une autre, on rompt un discours pour en attraper un autre, on se soustrait brutalement à une logique, à une cohérence, pour, avec tout autant de violence, s'insérer dans une autre logique, dans une autre cohérence (...)

Le zapping ici décrit est un parfait symbole de ce qui survient à la culture sous la logique des médias. La fenêtre est grande ouverte, tous les vents entrent: qu'allons-nous devenir dans cette turbulence? Qu'allons-nous faire de notre nouveau pouvoir d'ubiquiste? Bernard Pivot dénonce les dangers:

> Malheureusement, à vouloir être partout le zappeur n'est plus nulle part. Pour lui plus de spectacle en continu, mais une succession de fragments. Il ne regarde plus, il sonde. Il ne s'installe plus, il saute. A la durée il préfère le va-et-vient; à la fidélité le vagabondage; à la connaissance les flashes. Ne voulant rien rater, il est de toutes les histoires et de tous les discours, mais sans y entrer vraiment, de sorte qu'il manque l'essentiel. Le papillon ne passe pas pour un esprit sûr et profond.

La mise en relation

Autre chance, autre danger: la relation d'abord.

La logique des médias fait basculer d'une prépondérance des idées à une prépondérance des relations. Le rapport entre les personnes est plus important que le contenu du discours. La relation est plus importante que le produit. Dès lors, selon cette sensibilité, communiquer vise moins à opérer un transfert de connaissances qu'à créer des liens : *faire commun.*

Dès les années 60, on ne compte plus les mouvements ou écoles créés pour la formation au développement personnel, affectif et relationnel. Dans nombre d'universités, surtout à l'étranger, on a vu décroître peu à peu les départements florissants de sociologie et d'économie au profit du département de communication. Évolution significative!

Vers les années 70, naissaient les médias de groupe avec la claire intention d'utiliser le prestigieux langage des grands médias pour les relations de groupe et la formation sur le terrain. Grave méprise que d'opposer masse-médias et dynamique de groupe: les deux formes, loin de s'exclure, sont nécessaires l'une à l'autre.

On vote de moins en moins sur un programme et de plus en plus sur une image. Un chef d'entreprise canadien m'avouait voter jadis en faveur de Trudeau par attrait pour l'image de sa femme dont il collectionnait photos et articles. Qu'un homme d'un haut rang social se détermine ainsi sur des coups de cœur en dit assez long sur les risques de la logique médiatique. Quand, vingt fois de suite, je me sens en harmonie avec le chef d'État à la télévision, la vingt et unième fois — quand il dira quelque chose d'erroné — je serai encore d'accord avec lui non parce que j'ai examiné ce qu'il dit mais parce que j'ai acquis la confiance globale en sa personne, c'est-à-dire parce que nos deux images coïncident.

Dangereux, oui ! Chance, aussi. N'y aurait-il qu'une forme de vérité : l'adéquation des idées aux choses ? Qu'en est-il donc de l'adéquation des idées aux personnes ? Certes la logique du cœur est un risque. Elle n'est pas une régression, mais un accomplissement.

Pour la logique comme pour le jeu ou la dramatisation, le lecteur aura compris que le développement de la culture n'est pas d'exclure mais d'associer. Marcher sur deux pieds, avec les deux hémisphères du cerveau, les deux oreilles et les deux yeux. A la logique de modulation, on adjoindra la logique rationnelle. A la logique du commerce, on adjoindra la logique de la connaissance.

L'intériorité est la solution

Face au mélange douteux de chances et de dangers, reste à évoquer une solution que je qualifierais d'essentielle : l'intériorité. *L'intériorité*, c'est l'aiguille aimantée de la boussole. *C'est l'image interne quand elle est sous la mouvance de l'esprit.* Ce caractère stable qui, tout au fond, nous oriente vers ce qui est le plus humain et le plus unifié. Quand s'estompent les barres solides de la connaissance et de la raison, quand le discernement est dans l'œil plus que dans les livres, alors s'impose une orientation qui vient du dedans. Sinon, immergé dans les mouvements de la modulation et du commerce, on sera — en toute rigueur — déboussolé, c'est-à-dire privé de l'aimantation, de l'attraction intime nécessaire aux choix véritablement humains.

Éveiller l'intériorité est sans doute la tâche la plus importante des parents et éducateurs à l'ère des médias. Si on perçoit tant de défiance à l'égard des formes et des logiques médiatiques, c'est sans conteste parce qu'elles contrarient nos vieilles traditions culturelles. Allons plus loin : elles nous laissent démunis. Nous avons éveillé la raison et le jugement pointu, pas l'intériorité.

Correspondant subtilement au langage des médias, l'intériorité constitue l'instance fondamentale de la culture des médias. C'est grâce à une intériorité profonde et bien formée qu'une personne pourra opérer un tri permanent dans l'étalage des médias. C'est encore grâce à son intériorité qu'elle pourra discerner ce qui convient à son accomplissement dans l'étrange logique des stars et des présentateurs. L'intériorité appartient à l'ordre de l'esprit. La culture des médias tient plus à l'esprit qu'à la raison.

Épilogue

Vers un langage et une culture internationaux ?

Mieux que Gutenberg, les médias électroniques vont-ils nous conduire à un langage international ? Vont-ils limer les cultures et enfanter quelque culture mondiale ?

Les réflexions menées avec les experts du projet LAC (voir notre avant-propos *Au lecteur*) ne permettent aucune affirmation générale. Les observations doivent se poursuivre. Le temps doit faire son œuvre de décantation.

Des premières études, je tirerais les propositions suivantes :
1) Là où le médium électronique s'est largement et profondément installé, *globalement* le langage — tel que décrit en ce livre — s'impose peu à peu. C'est le cas en Amérique du Nord, en Europe et dans de nombreux pays d'Asie. A noter que le médium doit être pris ici au sens large. Pour que le langage soit adopté, il ne suffit pas qu'il y ait des télévisions ou des radios dans le pays. Il doit y avoir aussi toutes les conditions et infrastructures permettant au médium de fonctionner de manière autonome : usines de fabrication, exportations, commerces, centres de formation et de production, etc. Or, une telle pénétration du médium va encore lentement.

Là où le médium n'existe encore qu'au sens strict de support, il n'est qu'une curiosité ou un simple moyen, un outil d'amplification de la culture traditionnelle. Il enrichit les traits propres de la culture locale. La télévision, en Afrique, va amplifier les dons de conteur, de danse et de chant dans un style heureux et décontracté. La radio sert à la circulation des nouvelles familiales et à asseoir l'autorité du chef.
2) On doit distinguer langage et programmes. Adopter le langage des médias ne signifie pas qu'on adopte ou copie les programmes. L'Inde a ses films et ses programmes de télévision : le contenu, le style des personna-

ges, la manière de chanter et de faire l'amour n'ont rien à voir avec *Dallas*. Il en va de même pour les feuilletons brésiliens.

Sans doute bien des programmes américains sont-ils achetés dans le monde entier. Ils sont en général vendus moins chers que les programmes français. Surtout, selon la boutade de Niel Postman, si les pays étrangers achètent les programmes américains de TV, ce n'est pas parce qu'ils aiment l'Amérique, mais parce que l'Amérique fait de la bonne télévision [75]. En d'autres termes, c'est le langage qu'on achète. C'est le langage — à base de technologies électroniques — qui gagne, non les contenus.

3) A mesure que les médias envahissent les pays, certains traits des cultures traditionnelles disparaissent lentement. Certaines valeurs s'estompent. D'autres naissent qui envahissent peu à peu le monde entier. Ainsi, comment ne pas remarquer la fin du culte des vieux remplacé par le culte des jeunes, la libération de la femme, la prise en compte de la subjectivité, la recherche des fonctionnements démocratiques ? Les valeurs sont éternelles. Leurs expressions se modifient, leurs déviations aussi, de l'amour en chambre à l'amour à distance, de l'alcool à la drogue. Il serait ridicule de prétendre à une uniformisation planétaire des valeurs culturelles. Cependant, des traits communs de culture apparaissent un peu partout, de l'Asie à l'Afrique, de l'Amérique à l'URSS. A commencer par la dictature de l'audience remplaçant progressivement celle des chefs !

4) Nul doute que dans le tohu-bohu moderne, nombre de petites cultures sont menacées. Faut-il en accuser les médias ? Non, au contraire. Les médias rendent possible l'existence des langues et des cultures de minorités qui, sans eux, auraient peut-être disparu : ainsi, le français au Québec. La disparition des cultures dépend de causes diverses telles que la démographie, la situation économique, la politique, etc. Ceci est clair : les technologies électroniques ne tuent pas les groupes et les réseaux. Elles développent autant la masse que le groupe, les grands ensembles que les clubs.

Notes

1. Michel Orlandini, in la revue *Médias*, septembre 1987, p. 49.

2. Paul Klee : *Théorie de l'art moderne*, éd. Gonthier, coll. Médiations, 1964, p. 56.

3. Les catégories de *ground-figure* sont fondamentales à l'intelligence du langage audiovisuel. Plus encore peut-être que la distinction entre les adjectifs et les substantifs en langage alphabétique. *Ground*, c'est le terrain, l'arrière-plan, le conditionnement inconscient ; *figure*, c'est ce qui apparaît clairement à la conscience, l'idée, le mot. Ces catégories sont analysées au chap. II.

4. Mario Vargas Llosa, expert en drames radiophoniques (*cf. La tante Julia et le scribouillard*) et dont le style s'apparente à l'écriture audiovisuelle, fait souvent état de cette pensée voisine de la pulsion qui s'impose sans la moindre distance réflexive. Au lieu d'écrire : « un tel répondit », il écrira : « un tel s'entendit dire... s'entendit répondre. » Toutes formules qui font ressortir des situations d'extrême tension émotionnelle. Ce n'est pas la raison discursive qui parle, c'est l'être profond qui réagit quasi instinctivement à la situation. ce que la bouche profère apparaît alors comme un résultat imprévu, au sens du non pensé, non préalablement raisonné. *Cf. : Qui a tué Palomino Molero ?*, éd. Gallimard, 1986, p. 107/110.

5. Participante au *Projet L.A.C.* (recherche sur le Langage audiovisuel et la culture). Compte-rendu, nov. 1990, de Pierre Bélanger, SJ, Amérique du Nord.

6. Claude Blailblé : « La musique et le corps », in *L'Audiophile*, bimestriel, n° 46, février/mars 1989, éd. Fréquence, Paris, p. 91. Et Michel Imberty : *Les écritures du temps*, éd. Bordas, Paris, 1981.

7. Olivier Messiaen : *Conférence de Notre-Dame*, A. Leduc, éd. musicales, Paris, 1977.

8. Pierre Babin, Marie-France Kouloumdjian : *Les nouveaux modes de comprendre*, éd. Le Centurion, 1983, p. 79/90.

9. Mireille Chalvon, Pierre Corset et Michel Souchon : *Les enfants devant la télévision*, Casterman, 1979, p. 20/23.

10. Niel Postman : *Se distraire à en mourir*, Flammarion, 1986, traduit de l'américain *Amusing ourselves to death*, Penguin, New York. McLuhan, en son temps, avait testé les réactions différentes du public selon que le même programme était montré à la télévision ou au cinéma.

11. Sherry Turkle : *Les enfants de l'ordinateur*, traduit de l'américain par Claire Demange, éd. Denoël, 1986, p. 183/188. L'auteur écrit, p. 10 : « Nous allons envisager l'ordinateur comme un partenaire avec lequel on a des relations nombreuses et diverses. »

12. Il est suggestif d'étudier la peinture indienne d'Amérique du Nord ou la peinture des Inuits : formes englobantes, s'interpénétrant, multiplication de filaments faisant de toute personne — ou objet — un radar.

13. *Op. cit.* Voir chap. XI, p. 150/155. L'image de la stéréo indique la complémentarité des deux formes de connaissance, symbolique et rationnelle, cerveau droit et cerveau gauche.

14. *Idem*, p. 73.

15. Milan Kundera : *L'immortalité*, éd. Gallimard, NRF, 1990, p. 301.

16. *Idem*, p. 285.

17. Jean Lacouture : *De Gaulle*, tome III, Le Souverain, éd. du Seuil, 1986, p. 30.

18. Paul Ekman : *Menteurs et mensonges*, éd. Belfond, Paris, 1985, p. 66, 70, 74.

19. *Idem*, p. 67.

20. Jacques Ellul ne cesse d'insister sur ce point : l'essentiel, pour lui, n'est pas la partialité des médias, mais l'enlisement qu'ils créent. Parce qu'une information est diffusée massivement et immédiatement, parce qu'elle a la violence de l'image et du son, le spectateur perd la distance du jugement. On devient troupeau ou secte. In *Media Development*, journal trimestriel de la *World Association for Christian Communication* (WACC), Londres, 2/1988, Vol. XVI, p. 5.

21. Karsh a réalisé les photos des grands de ce monde : Churchill, Einstein, Jean-Paul II, Sophia Loren, etc. Ces photos ont été exposées dans les grands musées. *Cf.* Karsh, *A fifty year retrospective*, University of Toronto Press, 1983.

22. Mario Vargas Llosa : *La tante Julia et le scribouillard*, éd. Gallimard, coll. Folio, Paris, p. 68.

23. *Idem*, p. 129.

24. Extrait d'un article intitulé : « J'ai peur des médias » par le Cardinal Lustiger, paru dans *Télérama*, n° 2146, 27 février 1991.

25. *Qui sont les Japonais ?*, interview personnelle de Maurice Bairy, Professeur d'anthropologie japonaise, Sophia University, Tokyo. Cassette publiée par NOVACOM, BP 70, 69132 Ecully Cedex, France.

26. Gilles Kepel : *La revanche de Dieu*, éd. du Seuil, Paris, 1991.

27. *Op. cit.* Voir, en particulier, le chap. XI, p. 143.

28. Alain Finkielkraut : *La défaite de la pensée*, éd. Gallimard, coll. Blanche, Paris, 1987. Cf. le dernier chapitre où l'auteur qualifie les médias de « culture de zombie ».

29. *In* p. 4 de l'article de J. Ellul, déjà cité.

30. *Idem*, p. 5.

31. Gaston Bachelard : *L'air et les songes*, Essai sur l'imagination du mouvement, éd. Corti, 1987.

32. J'ai expliqué cette approche dans *L'ère de la communication, Réflexion chrétienne*, éd. du Centurion, Paris, 1986, p. 11/21.

33. Montaigne : *Essais III, 9*, Gallimard, La Pléiade, p. 1092.

34. Jean Mitry : *La sémiologie en question*, éd. du Cerf, Paris, 1987. L'auteur, p. 28, dénonce cet abus qui a consisté à plaquer sur l'image cinématographique des modèles linguistiques : « N'agissant pas avec des signes tout faits, le cinéma ne suppose aucune règle *a priori* qui soit d'ordre grammatical. Les règles syntaxiques elles-mêmes sont toujours sujettes à caution. Elles peuvent concerner une esthétique particulière, une stylistique, mais non le langage du film dans sa totalité. »

35. *Media Literacy*, Ministry of Education, Ontario, Canada, 1989, p. 30.

36. André Lalande : *Vocabulaire technique et critique de la philosophie*, P.U.F., Paris, 1960, p. 464.

37. In *Pixel*, n° 2, 1989, Paris, p. 25/26. Propos recueillis par Michel Corbon et Joël Laroche.

38. Interview personnelle de Hervé Fisher à Montréal, juillet 1989.

39. In *Images du futur 88*, Cité des Arts et des Nouvelles Technologies de Montréal, p. 79. Depuis 1986, *Images du futur*, Exposition Internationale, est à Montréal l'événement culturel de l'été pour les applications artistiques des nouvelles technologies. Hervé Fisher en est le co-fondateur avec Ginette Major.

40. *Idem*, p. 65, dans un article intitulé « Thématique de l'holographie d'art américaine ».

41. *Idem*, p. 77.

42. In *Newsweek*, 30/12/1985, p. 46.

43. *Op. cit.*, voir p. 285.

44. Émile Benveniste : *Problèmes de linguistique générale*, Gallimard, 1974, p. 237/250. Les linguistes proposent une distinction capitale entre histoire et discours. L'histoire serait l'argument, la logique des actions. Le discours serait l'organisation des temps, les aspects, les modes du récit. L'histoire, en tant que matériau de base, serait un argument — voire une sorte de réalité problématique — sujet à des discours variés dépendant du narrateur et des formes qu'il utilise (bande dessinée, mime, pièce de théâtre).

Cette distinction fait comprendre que nous puissions donner au terme *histoire* une définition particulière et des caractères spécifiques déterminés par les contraintes des technologies et des *mass-média*. Ainsi, en raison du petit écran, le feuilleton de télévision utilisera plutôt les gros plans que les plans d'ensemble.

45. Marcel Jousse: *L'anthropologie du geste*, Gallimard, 1974, tome I, p.163/190.

46. Article paru dans *Le Figaro*, 6/01/88. J. Lesinge donne les chiffres suivants: «Aux États-Unis, *La roue de la fortune*, qui fait... les beaux jours de TF1 (30% d'audience en moyenne), compte 43 millions de fidèles. Un spot publicitaire, pendant cette émission, est donc facturé de 330.000 à 510.000 F. les 30 secondes.» On voit les recettes possibles, sachant qu'en France, le coût de production de ce programme n'est que de 100.000 F. la demi-heure.

47. Vraie pour la TV, cette affirmation peut concerner aussi d'autres médias. En août 84, le quotidien britannique *Times* fait une spectaculaire remontée de ses chiffres de vente grâce au lancement d'un jeu qui permet de gagner régulièrement de 10 à 20.000 £. *Cf.* le journal *Libération* du 14/09/84.

48. Jeu très suivi en France, classé parmi les 10 premières soirées de télé exceptionnelle au bilan des audiences 89. Cf. l'hebdomadaire *Télé 7 jours* du 24/02/90.

49. In *L'Express* du 26/06/88, p. 124 et *Jeux et Stratégie*, nov. 89, p. 31.

50. Johan Huizinga: *Homo Ludens*, Gallimard, Paris, 1951, p. 35 et 58.

51. *Idem*, p. 41, 97 et 177.

52. In *Jeux et Stratégie*: Le dossier du mois, nov. 89.

53. *Cf.* J. Huizinga, *op. cit.* et R. Caillois: *Les jeux et les hommes — Le masque et le vertige*, Gallimard, 1958.

54. In *Libération*, 4/05/83, p. 15.

55. *Idem.*

56. Michaël R. Rheal: *Super Media, A cultural studies approach*, Sage Publication (London-New Delhi), p. 222/261. L'auteur analyse le rituel olympique comme miroir du monde et célébration tribale.

57. Machteld Kooj : *Willens en wetens of op goed geluk? Eon onderzoek naar de dramaturgie in televisiespelshows*, édition Instituut voor Theaterwetenschappen Rijksuniversiteit Utrecht, Holland, juin 1989. L'auteur a réalisé une thèse sur «Dramaturgie dans les shows des jeux télévisés.»

58. En France, Association Thomson-Nathan, Atari-Hatier.

59. *Op. cit.*, p. 111.

60. *Idem*, p. 120.

61. Article de Françoise Giroud, paru dans *L'observateur*, 25/04/90, p. 59.

62. *Op. cit.*, p. 126.

63. A ce sujet, René Victor Pilhes: *La médiatrice*, Albin Michel, Paris, p. 174/182. Dans cet ouvrage sur le monde médiatique, l'auteur stigmatise les aberrations du jeu télévisuel. Pour accréditer une campagne de propreté, tous — y compris un ministre — vont se déshabiller devant la caméra: la TV est un grand jeu où les exigences du spectacle excusent tout.

64. Zettl: *Sight Sound Motion*, Wadsworth Publishing Co, Belmont, CA USA, 1973.

65. Alfred-Ange Tomatis: *De la communication intra-utérine au langage humain — La libération d'Oedipe*, ESF Editeur, Paris, 1988.

66. Daniel Druesne in *Communication humaine aujourd'hui*, 1982, p. 7.

67. Jean-Pierre Dufreigne: «Nombril en péril», article paru dans *L'Express*, 25 avril 1991, p. 17.

68. Donna Woolfolk Cross: *Media Speak*, Mentor Books, New York, 1983, p. 70.

69. Richard Salant, NBC vice-chairman, expert en Television Literacy: *Critical television viewing skills*, Hendron Press, Boston, p. 130.

70. P. Babin — M.F. Kouloumdjian: *op. cit.*, p. 44/45.

71. René-Victor Pilhes: *La médiatrice*, Albin Michel, 1989.

François de Virieu: *La médiacratie*, Flammarion, 1990.

Claude Sérillon: *De quoi je me mêle*, Flammarion, coll. J'ai Lu, n° 2424, 1988.

72. «La télé sur un plateau», article de Claude Sérillon, paru dans *Le Nouvel Observateur*, 25-31 janvier 1990.

73. J. Lacroix: *Classes et Cultures*, Semaines Sociales, 1939, p. 433.

74. Bernard Pivot: *Le métier de lire — Réponses à Pierre Nora*, Le débat/Gallimard, Paris, 1990, p. 65/69.

75. En 1990, les films américains ont constitué en Europe 60% des entrées en salle tandis que le cinéma européen n'en obtenait que 5% outre-Atlantique. « Pourtant les deux continents produisent le même nombre de longs métrages : 500 chaque année... Alors ? Derrière le cinéma américain, expliquait Marcel Carné autrefois, il y a quelque chose d'autre que la puissance du dollar. Qu'on le veuille ou non, il y a l'intelligence. » Cité dans *Dynasteurs*, le mensuel des *Échos*, Paris, mai 1991, p. 57.

Notions-clés

Table des matières